DIREITO
E
DESENVOLVIMENTO

Orlando Gomes

DIREITO
E
DESENVOLVIMENTO

2ª edição

Revista e atualizada por EDVALDO BRITO

Professor Emérito das Universidades Federal da Bahia
e Presbiteriana Mackenzie de São Paulo.

GZ
EDITORA
Rio de Janeiro
2022

2ª edição – 2022

Diagramação
Olga Martins

CIP – Brasil. Catalogação-na-fonte.
Sindicato Nacional dos Editores de Livros, RJ.

G615d
2. ed.

Gomes, Orlando
Direito e desenvolvimento / Orlando Gomes. - 2. ed., rev. e atual. por Edvaldo Brito. - Rio de Janeiro: GZ, 2022.
124 p.; 23 cm.

Inclui bibliografia e índice
ISBN 978-65-5813-044-4

1. Direito - Brasil. I. Brito, Edvaldo. II. Título.

22-76011 CDU: 34(81)

Gabriela Faray Ferreira Lopes - Bibliotecária - CRB-7/6643

contato@editoragz.com.br
www.editoragz.com.br
Estrada do Capuava, nº 1325 - Box Q - CEP 06715-410
Bairro Barro Branco - Município de Cotia - SP
Tels.: (0XX21) 99585-0737 / 99755-0737

Impresso no Brasil
Printed in Brazil

AGRADECIMENTOS

Primeiramente, aos filhos do Professor ORLANDO GOMES (Marcelo e Maurício, os dois in memoriam, Márcio, atual presidente da Fundação Orlando Gomes e Marco Antônio, conselheiro) pela confiança depositada em mim, desde 2003, para coordenar e, às vezes, também, atualizar a obra magnifica elaborada pelo grande mestre, a exemplo de mais esta.

Segundo, a d. REGINA BILAC PINTO a quem me liga uma amizade, nascida no ano de 1989, na cidade de Ouro Preto, Estado de Minas Gerais, em um Congresso jurídico, no qual fui palestrante.

Agradecimento, porque o seu intermédio fez-me, conhecer em 2003, a seu filho, Guilherme Pinto Zincone, ao qual ninguém excede na experiência em editoria de livros de juristas conceituados, desde quando foi auxiliar de d. Regina e a cuja sensibilidade, o mundo jurídico deve a oportunidade de reler este clássico do Direito brasileiro.

Edvaldo Brito

APRESENTAÇÃO

Nasci em Muritiba, cidade do Recôncavo bahiano, a 03 de outubro de 1937. Ali, convivi até março de 1954, com incursões diárias pela região, sobretudo, por dois outros municípios circunvizinhos - São Felix e Cachoeira. Nesse último - berço de TEIXEIRA DE FREITAS - frequentei, por 04 anos, o curso de Ginásio - portanto, quase 17 anos de minha existência, participando dos aspectos geoeconômico-políticos descritos neste livro e que servem de substrato para a análise que faz da transversalidade do Direito e Economia, na ótica do desenvolvimento.

Depois, residindo em Salvador, periodicamente visitei-os, e a tantos outros na Bahia, já na qualidade de Secretário de Estado ou de candidato ou a Deputado Federal ou a Senador. Conheci os quatro cantos do Estado. Andei, também, pelo Brasil afora.

Sou, assim, protagonista da vida bahiana e brasileira, por ser frequente visitante de todas as regiões do país - à exceção do Estado do Tocantins, que não conheço - circunstância que me autoriza a depor sobre a veracidade e a atualidade do conteúdo deste livro, por todo esse tempo de sua existência: 60 anos.

O país mudou muito pouco no seu retrato revelado desde a elaboração do estudo que contém.

Por outro lado, convivi, por 34 anos, com ORLANDO GOMES, desde os meus 16 de idade, época em que fui "*office-boy*" do escritório profissional do seu colega de magistério, o professor ALBÉRICO FRAGA; depois fui seu aluno na graduação em Direito por 4 anos ininterruptos (1959 a 1962), na pós-graduação (1975 a 1977). Compus, também, a sua "*Banca de Advocacia*" durante 22 anos, desse período.

Por isso, vi este livro ser gestado e, ainda estudante de Direito, recebi um exemplar com a seguinte dedicatória do autor:

> *"Ao Edvaldo, que não sendo teleguiado, nem 'semi-virgem' de flirt totalitário, pode entender e aproveitar – oferta do amigo. 10/10/61 Orlando Gomes".*

Entendi e *aproveitei* as lições transmitidas pelo seu conteúdo, de tal modo, que li e reli suas páginas, dezenas de vezes, adotando-o, para fichamento dos alunos, na Bibliografia de apoio ao ensino da disciplina que me incumbe na pós-graduação da Faculdade de Direito da Universidade Federal da Bahia.

O exposto permite-me assegurar: este é um admirável trabalho de pesquisa, na linha de uma *Antropologia Jurídica* e de uma *Sociologia Jurídica*.

Distinga-se: *Sociologia Jurídica* não se confunde, no meu entender, com a *Sociologia do Direito*.

A primeira estuda as *instituições sociais* quando submetidas a um regime jurídico de uma respectiva Sociedade, enquanto que a *Sociologia do Direito* estuda a gênese do fenômeno jurídico e sua historicidade em termos de *positivação*.

Aqui, além da investigação sobre essas *instituições*, já com roupagem jurídica – portanto, já *instituições jurídicas* – há, também, passagens nas quais se encontra minuciosa busca que se aproxima, até, do objeto de uma *Antropologia Jurídica* porque faz uma verdadeira etnologia, à medida em que se identifica uma "*social anthropology*" na abordagem dos problemas morais na sua transversalidade com os aspectos econômicos e políticos da História do nosso povo, os quais alicerçam a organização social brasileira, tudo sob uma ótica do jurista.

Assim, o texto é atual, como se tivesse sido escrito agora, apesar de sua esgotadíssima 1ª edição, há tantos anos, porque analisa o sistema normativo sob o prisma pluralista do Direito, estudando a diversidade cultural característica do fenômeno jurídico, a partir dos fatores que compõem as relações, no Brasil, entre o indivíduo e o seu meio, levando em conta toda a especificidade cultural. Isso porque, o seu foco é, de fato, a supra mencionada transversalidade de que resulta o conceito "*Cultura Brasileira*".

Então, é veraz o conteúdo deste livro, sob o meu testemunho, qual seja, o de um estudioso que, nesses 84 anos de idade, dos quais 63 ininterruptos convivendo no ambiente de ensino e pesquisa, típico da vida universitária, tem presenciado, por todo esse tempo, a imutável sociedade brasileira, sob o ângulo aqui examinado.

O autor, com admirável habilidade, soube entrelaçar *hábitos* no estudo dos lugares-comuns do povo, refletidos nas *instituições jurídicas*, na sua retroalimentação com "costumes, crenças, hábitos, universo psíquico, mitos, rituais, processo histórico, linguagem, leis, relações de parentesco", tudo isto constitutivo do elemento subjetivo caracterizador da sociedade brasileira.

Este livro confirma as características da *obra* de ORLANDO GOMES: *criativa* e *prospectiva*.

A *criação* está revelada nos conceitos por ele elaborados, próprios de um observador com conhecimentos antropológicos e sociológicos do Direito.

Assim, o livro analisa a transversalidade entre Direito e Economia na sociedade brasileira, ao modo pelo qual a conduta humana opera para produzir o jurídico.

O autor adverte que não há, propriamente, submissão de um desses dois campos do conhecimento ao outro, mas, sim, integração, porque a interferência intersubjetiva da conduta humana, por natureza, ocorre em um ambiente real, no qual as regras que o disciplinam tendem a refletir a sua efetivação.

Por isso, o autor é *criativo*, uma vez que formula juízos próprios, originais, que, mesmo decorrentes de abstração, retratam uma realidade concreta.

A *prospecção* está comprovada nas *notas* de atualização, colocadas no rodapé das páginas, porque o conteúdo dos documentos normativos que sucederam este livro parece transcrição do que se contém no seu texto, tal a sua atualidade. A pesquisa para essas *notas* teve a colaboração do estudante de Direito, ANTONIO ALI IOSSEF PARANHOS DE BRITO, meu neto e assessor acadêmico.

ORLANDO GOMES é o inspirador desses pósteros documentos normativos elaborados na linha do seu pensamento.

É que o legislador e a jurisprudência – que os reproduzem, até hoje – confirmam esse pensamento desse insuperável jurista, demonstrando que ele fez escola, por ser fonte dessa atividade criadora da norma jurídica, elaborada por essas duas categorias que, com ele, aprenderam o fundamento para validar as suas respectivas funções.

O texto de 2002 do Código Civil e uma gama de leis esparsas disciplinadoras da matéria cuidada nas páginas deste trabalho fotografam essa situação, com uma fidelidade redacional de discípulo.

Algumas normas infraconstitucionais, que começaram a ser editadas poucos anos depois da publicação deste livro, confirmam-no. O próprio autor plasma as ideias, aqui, expostas, no seu anteprojeto de Código Civil, de modo a que ficassem adotadas no texto de 2002 do nosso estatuto de direito privado, conforme revelou MIGUEL REALE[1], Presidente da Comissão Revisora e Elaboradora desse texto de 2002 do Código Civil.

A Constituição de 1988 não se fez de rogada e, também, entrou no pensamento de ORLANDO GOMES para buscar embasamento a fim de dispor sobre as matérias tratadas neste livro.

Assim, é que o leitor pode experimentar a atualidade dos temas, aqui tratados: mudança social e crise do direito; situação histórica do desenvolvimento; heterogeneidade da economia brasileira e direito; direito em mora com os fatos; direito em dia com o desenvolvimento; desenvolvimento e fiscalidade.

Este sexagenário texto, escrito em junho de 1961, não foge à magnanimidade da *obra* de Orlando Gomes que, também, aqui, não se limitou a ser a de um comentarista do direito positivo brasileiro, sob pena de que, se assim o fosse, já se teria desaparecido das cogitações acadêmicas, tanto que meus alunos do Programa de Pós-graduação em Direito da Universidade Federal da Bahia, criado pelo próprio ORLANDO GOMES, em 1975, têm-se deslumbrado com essa leitura.

Parece que foi escrito neste ano de 2021.

Esta é a marca de Orlando Gomes: *criativo* e *prospectivo*.

Salvador, junho de 2021.

Edvaldo Brito

1 Cf. Judith Martins-Costa. Diretrizes teóricas do novo Código Civil brasileiro. São Paulo: Saraiva, 2002, p. 92.

SOBRE O AUTOR

"No âmbito da vocação de jurista de Orlando Gomes, três atividades diferenciadas se impõem ao exame do observador: a de escritor entregue à investigação das questões abstratas do Direito; a de jurisconsulto, devotadamente virado para os conflitos reais suscitados pela aplicação prática da lei; e a de professor, inteiramente consagrado às tarefas específicas do ensino escolar.

[...] a personalidade mais rica que, em todos os tempos, passou pelos quadros da sua Faculdade.

[...] Angustiado com a falta de estímulo aos docentes, por parte das entidades oficiais e com o consequente declínio dos quadros da sua Faculdade, o prestigioso catedrático não descansou enquanto na Escola não conseguiu instalar o Curso de Mestrado em Direito. Como área fundamental do novo Curso elegeu desde logo o setor da pesquisa jurídica ligado ao desenvolvimento econômico do Brasil [...] o programa meticuloso de várias cadeiras compreendidas na disciplina básica, desde o direito privado econômico até aos novos quadros jurídicos da economia, passando pelo tema central do Direito e Desenvolvimento."

Antunes Varela

Professor Catedrático da Universidade de Coimbra

Este livro atende ao programa da disciplina Direito e Desenvolvimento inserida no currículo do Curso de Mestrado em Direito Econômico criado por Orlando Gomes, em 1975, na Faculdade de Direito da Universidade Federal da Bahia - UFBA, do qual fui aluno da primeira Turma.

Fui designado, nesse Curso, professor da disciplina Direito Constitucional da Ordem Econômica, a partir de março de 1982, adotando o livro, pela sua atualidade até hoje, nesses últimos 40 anos, nas Referências Bibliográficas.

Aplicação: destina-se aos estudiosos e aos estudantes que investigam "o substrato econômico, político e ético do Direito Civil" que se dobra aos imperativos do desenvolvimento, criando um espaço de investigação que impede a desintegração desse substrato, evitando que se arrastem, na queda, as estruturas formais que o envolvem.

É leitura complementar para as disciplinas pertinentes do currículo dos cursos de graduação e de pós-graduação em Direito e Economia.

Edvaldo Brito

Professor do Programa de Pós-graduação em Direito da UFBA.

SUMÁRIO

III

HETEROGENEIDADE DA ECONOMIA BRASILEIRA E DIREITO

IV

O DIREITO EM MORA COM FATOS

V

O DIREITO EM DIA COM O DESENVOLVIMENTO

VI

DESENVOLVIMENTO E FISCALIDADE

CAPÍTULO 1

Mudança Social e Crise do Direito

1. O processo de secularização

Uma análise, mesmo sumária, do conjunto de nossas instituições jurídicas no panorama atual da realidade brasileira reclama breve exame das implicações sociais que estão associadas ao *incipiente* processo do nosso desenvolvimento econômico.

As que mais de perto interessam á verificação do "comportamento" da ordem jurídica as que repercutem no sistema tradicional de valores, determinando motivações e atitudes novas.

Instituições tradicionais estão declinando rapidamente e valores tranquilamente aceitos perdem a substância. Em todos os setores da vida nacional, no econômico, no político, no educacional e no moral, desenvolve-se aquele processo crítico que L. COSTA PINTO denomina *secularização*. Processo que se caracteriza, dentre outros aspectos menos incisivos, pela desarticulação dos mecanismos tradicionais de controle social e pela subversão dos valores relativos á hierarquia das posições sociais, conforme assinala o citado sociólogo.[1]

NA Significa: Nota de Atualização

1 Estudo transcrito no livro "Meridianos Brasileiros", de Almerindo Lessa, p. 243.

Dessa desarticulação e dessa subversão resulta uma agitação social, que expõe a grandes riscos a continuidade das raízes culturais de nossa civilização. Esse chamado *processo de secularização*, bem sensível no estado de espírito da geração mais nova, presa de uma inquietação permanente mais pronunciada nas camadas mais instruídas, e, principalmente, nos jovens que estão ascendendo rapidamente na escala social, vai se cumprindo à medida que os novos padrões estão se impondo. Mas como a estrutura social está em mudança, numa fase que se iniciou, recentemente, os velhos *poderes* podem ainda oferecer grande resistência, como realmente estão oferecendo, de sorte que, nesse choque de atitudes diante da vida e do mundo, de posições em face do próprio desenvolvimento do país, pode-se afirmar que o país atravessa um período crítico no seu processo histórico, período no qual as instituições jurídicas vacilam nos seus fundamentos tradicionais, aluído o substrato econômico ou moral que recobrem.

Se é certo que uma das mais expressivas implicações sociais do desenvolvimento econômico tem sido, entre nós, o rompimento de certos mecanismos tradicionais de controle do comportamento dos indivíduos, não é difícil compreender a crise que atravessa nosso ordenamento jurídico. O Direito não é, de certo, o único mecanismo de controle social. Outros existem, com um poder de contensão bem mais severo sobre o comportamento individual. Mas devido ao desgaste desses mecanismos, o poder normativo do direito positivo vigente vem se enfraquecendo a olhos vistos. A crise que passa tem uma etiologia pie deve ser investigada no processo do nosso desenvolvimento econômico, como se verá.

2. Atraso do Direito

Quem investigue os fatores do desenvolvimento econômico de determinada comunidade, verifica que não se circunscrevem ao campo da economia. Mesmo os que aceitam o condicionamento dos fatores extra-econômicos á infra-estrutura da sociedade, não podem negar a influência que exercem na transformação social e no próprio processo do desenvolvimento econômico.

Encarados os fatos sociais de um ângulo que os abarque em todas as perspectivas para o exame de uma sociedade em mudança, especialmente a que se esforça para liquidar o subdesenvolvimento, o que, de logo, desperta a atenção do observador é a assincronia das transformações. Nos diversos setores da vida social, essas transformações não se realizam no mesmo ritmo. Diz-se, então, que há um *atraso cultural* em relação a outros setores nos quais o desenvolvimento é mais rápido. A distinção entre setores atrasados e adiantados não é arbitrária. Assenta no fato da *mudança*, que é referida a um estado tradicional do qual se afasta. Mas a qualificação não implica juízo de valor. Bem pode acontecer que as modificações operadas em determinado setor importem atraso, uma vez consideradas de outro ângulo. É, entretanto, no sentido de que não tem acompanhado transformações em curso noutros setores, que se vem afirmando, desde o começo do século, que o Direito está em *mora* com os fatos[2]

2 CIMBALI, La nuova fase del Direito Civile; Tarde Lês transformations generales du Droit; DUGUIT, Les transformations generales du Droit Prive; VENI AMIN – Essai sur les donnés economiques dans l'obligation civile. MORIN La revolte des faits contre Le Code; BONNET – Le droit em retard sur les faits RIPERT – Aspectos jurídicos do capitalismo moderno; Les for-

Dir-se-ia com maior exatidão que está desajustado. O conceito de *correspondência* é realmente mais significativo do que o de atraso. Em verdade, o que ocorre em toda sociedade que se transforma é a ruptura do equilíbrio entre as suas partes. Deixa de haver a correspondência entre o processo evolutivo dos diversos setores, ou, como diz GINO GERMANI, professor na Universidade de Buenos Aires, "á mudança produzida em algumas de suas partes não correspondem às transformações "equivalentes" produzidas no resto.[3]

Partindo-se dos conceitos *de superestrutura* e *infraestrutura* para uma divisão bem conhecida dos setores sociais, tem-se repisado que o Direto, fenômeno da *superestrutura*, não corresponde, atualmente, às transformações ocorrentes na *infraestrutura* da sociedade. A existência do desajustamento pode ser verificada pela analise dos princípios gerais que o informam nos países de estrutura capitalista, como tem sido feita largamente. Interessa-nos todavia a verificação do desajuste entre o Direito e os fatos numa sociedade em transformação, que está a realizar o complexo processo do desenvolvimento econômico, – a sociedade brasileira.

---

ces creatuves du Droit; Le declin du Droit; SAVATIER – Les metamorphoses economiques et sociales du Droit Prive, E PICARD – O Direito puro. JEAN CRUET. La vie du Droit et L'impuissance des lois; CASTAN TOBEÑAS, hacia um nuevo Derecho Civil. MENGER – El derecho Civil y los pobres; El Estado socialista, COSENTINI: La reforma de La legislacion civil y el proletariado. ORLANDO GOMES – A crise do Direito. São Paulo. Max Limonad Editor de Livros de Direito. 1955, p.17.

---

3 Politica e massa, p. 19. Edições da Revista Brasileira de Estudos Políticos, Belo Horizonte, 1960.

Inúmeras questões demandam a atenção de quem se disponha a estudar o tema, até por que pode ser encarado de ângulos diversos. É que, - como observa INACIO RANGEL, - o processo do desenvolvimento econômico é um fato histórico ao longo do qual tudo muda na vida social e, paralelamente, a cultura, isto é, a idéia que o homem faz de si mesmo e do mundo em que vive.[4]

Uma das questões mais interessantes é a que consiste em saber se o instrumental jurídico está desatualizado a ponto de entravar o desenvolvimento econômico e social. Dentre os prismas por que pode ser encarada, salienta-se o restritamente social, assim entendido o que focaliza a sociedade na multiplicidade das inter-relações entre os indivíduos e entre os grupos sociais.

O exame da questão nesses termos não conduz a uma solução totalmente afirmativa. Para inferi-la, seria preciso admitir absurdamente que todas as transformações no setor econômico acarretaram a substituição do sistema de produção. Desde que isso não ocorreu, é até possível admitir que o sistema de normas jurídicas em vigor, embora seja inatual na sua letra, comporta aplicação que se ajusta ás transformações econômicas, por urna interpretação favorável inspirada na captação do seu espírito, e possível diante da flexibilidade dos dispositivos. Ainda assim, a construção jurisprudencial e os influxos da doutrina podem representar um esforço improdutivo para a sincronização, conservando-se, em conseqüência, o desajuste, o descompasso, o desequilíbrio.

4 Introdução ao Estudo do Desenvolvimento Econômico brasileiro, p. 15.

3. Crise mundial

Cumpre assinalar, de inicio, que o desenvolvimento do país coincide com a crise que mundialmente afeta a sociedade e particular- mente os povos do Ocidente. Ao longo deste século, sucedem-se transformações sociais de extensão e profundidade jamais alcançadas. Os aspectos mais visíveis e menos discutidos dessas mudanças são, segundo FRAGA IRIBARNE: o *processo tecnológico,* que pôs em nossas mãos a energia do vapor, do petróleo, da eletricidade, dos grandes explosivos, da fissão nuclear; o *processo demográfico*, que sobre as novas possibilidades higiênicas, médicas e dietéticas deu lugar a um gigantesco crescimento das populações; o *processo ecológico*, que derivou dos dois anteriores, tornando cada vez maior a proporção das pessoas que se ocupam em atividades industriais e serviços de toda natureza, e residem em zonas urbanas e metropolitanas "[5] Na estrutura econômica, política e social produziram-se importantes transformações decorrentes do desdobramento desse tríplice processo, a que estão ligadas alterações transcendentes da vida cultural da humanidade —, que revelam com maior nitidez os aspectos fundamentais da crise mundial. Os mais salientes, como lembra CASTAN TOBEÑAS, são os seguintes:

a) a secularização da cultura e da vida, com desconhecimento ou postergação dos valores morais;

b) a desvalorização das profissões de matiz espiritual e a ausência cada vez maior de autenticas elites no mundo da cultura;

5 La familia y la educacion en una sociedad de masas y maquinas, apud Gastan Tobeñas, Crises mundial crises del derecho, p. 21.

c) extraordinário desenvolvimento da técnica e das máquinas, que desumaniza a vida, pondo-se a serviço de aplicações exorbitantes ou finalidades destruidoras;

d) o avanço da grande empresa em detrimento dos pequenos comerciantes e industriais e do artesanato;

e) o desmoronamento das antigas classes médias, que eram o nervo da organização social, e a defrontação, como classes hostis, das que são chamadas burguesia e proletariado;

f) a concentração dos habitantes em torno das cidades unida á mecanização dá agricultura, que fazem com que o mundo dos camponeses vá deixando de ser a grande reserva das nações e o refugio das virtudes tradicionais;

g) a potencializarão máxima do Estado, que assume o duplo poderio militar e industrial, convertendo-se em um aparelho coativo de fins próprios; [6]

Em consequência disso tudo, manifesta-se, segundo o pensador espanhol, "o desequilíbrio de todos os fatores que haviam constituído, em sua harmonia e combinação, a civilização em geral, e, sobretudo, a chamada cultura ocidental, e o desespero e a angustia do homem, que se vê desorientado e perdido em um mundo de desordem, carente de ideais elevados e cheios de contrastes e inquietações" [7]

Alguns desses aspectos da transformação da civilização ainda não se tornaram visíveis entre nós, e, possivelmente, uns tantos se mostrarão deformados. O processo tecnológico está

6 Crises mundial y crises del derecho, p. 22, Madrid, 1960.

7 Op. Cit. P. 22.

em começo. Predomina ainda a pequena empresa. A classe média formou-se, paradoxalmente, na cauda do processo de urbanização, sem ter se consolidado como força de equilíbrio, tal como tem acontecido nos países de estratificação social historicamente mais coordenada. Apesar do vertiginoso crescimento das cidades, o mundo rural permanece como sede da tradição, preso ainda a processos de produção atrasados, com todos os reflexos culturais que suscita.

Não obstante, os principais aspectos da crise mundial apresentam-se no quadro do nosso desenvolvimento, amortecidos embora pela incipiência dos fatores que os provocam. Para compreendê-los é preciso não esquecer que éramos, até a pouco tempo, uma nação subdesenvolvida, que pertencia ao numeroso grupo de povos que viviam, como ainda vive a maioria, em situação de inferioridade. O desenvolvimento do país integra-se evidentemente no movimento de emancipação econômica dos povos subdesenvolvidos, que se desencadeou com a última guerra mundial, apresentando-se, politicamente, sob a forma ideológica do *anticolonialismo*. Seus aspectos críticos não podem ser examinados, por conseguinte, com desconhecimento desse aspecto fundamental da crise supranacional.

4. Aspectos essenciais da transição

Mas, todo desenvolvimento implica transição de um estado a outro.

Necessário, por isso, fixar seus aspectos principais.

Conforme pensa GINO GERMANI,[8] em toda formulação relativa a desenvolvimento econômico, aparecem três aspectos essenciais:

8 Op. Cit. P. 22.

1º - a modificação no tipo de ação social;

2º - a institucionalização das transformações;

3° - a especialização das instituições

A *modificação do tipo de ação social* decorre do alargamento das possibilidades de escolha e, conseqüentemente, na variação dos padrões que a determinam. A quantidade se transforma em qualidade. Numa sociedade de economia estacionária, a ação econômica dos indivíduos é ditada por certos padrões sociais muito rígidos, que freiam iniciativas ou vocações. O campo de escolha é limitado. Forma-se, em conseqüência, um tipo de comportamento que, nas sociedades desenvolvidas, é considerado preconceito. Um dos sintomas mais veementes dessa limitação no setor da atividade econômica é a ojeriza por toda espécie de trabalho manual, considerado a pedra de toque na hierarquia social. Valoriza-se de tal modo a ação intelectual, que se desenvolve a tendência para ostentá-la mesmo quando não é exercida, como ocorreu entre nós com a busca indiscriminada do grau universitário para exibição do titulo respeitável de doutor. Desse preconceito, gerado pela carência de oportunidades, resultou o parasitismo burocrático, persistente nas partes mais atrasadas do país, quase como escolha imposta de um tipo de ação condigna para a camada social que, não dispondo dos reduzidos meios de produção, ocupava uma posição social que só poderia ser conservada nesse nível ocupacional.

5. Institucionalização das transformações

Interessante, igualmente, o aspecto da *institucionalização das transformações.*

As transformações determinam inevitável mudança de mentalidade. Um povo que está se desenvolvendo passa a adotar novos valores domo fins da ação social e busca, para sua consecução, normas que estimulem o processo do desenvolvimento. Em suma, as transformações tendem a se institucionalizarem. O processo social procura sua disciplina em um novo sistema de normas, O ordenamento jurídico, porque regula a conduta dos homens na sociedade, constitui, sob o ponto de vista institucional, o principal fator de influência no processo do desenvolvimento, visto que o sistema legal pode favorecê-lo, ou dificultá-lo. É claro que outras formas institucionais interferem nesse processo e que as instituições jurídicas se orientam por *valores* que se modificam, sem perda da essência, conforme a mentalidade dominante na época.

Não há duvida de que o *desenvolvimento econômico* é condicionado, entre outros fatores pelas crenças substantivas e adjetivas de comunidade, processando-se dentro de Leões institucionais que conduzem à transformação estrutural da sociedade, como observou HELIO JAGUARIBE.[9]

Tais condições devem ser entendidas, segundo a advertência do autor citado, como o conjunto de valores e normas que são adotados como fins e meios por uma sociedade determinada para a consecução dos seus objetivos. Por isso o ordenamento jurídico apresenta-se, corno uma das mais importantes formas institucionais que se modificam em decorrência do processo do desenvolvimento com maior repercussão sobre as suas próprias causas.

9 Condições Institucionais do desenvolvimento. Publ. ISEB. Rio, 1958 p. 38.

Para aceitar essa reação precisa estar o jurista seguro de que o Direito não é simples coordenação de normas, mas um fato social em constante transformação, que se expressa tecnicamente sob forma de regras. Não cabe aqui discutir se os *valores* a que está referido o ordenamento jurídico das relações sociais surgem espontaneamente da vida social, se consubstanciam idéias objetivamente existentes na consciência coletiva, ou se representam apenas a racionalização de interesses econômicos e políticos próprios de determinada estrutura econômica.[10] Ha que admitir que, numa análise do processo evolutivo do Direito num país que está se desenvolvendo economicamente, não é possível desprezar *valores adquiridos* através da própria experiência histórica do país.

Postos em dúvida ou menosprezados pelos que adquirem a nova mentalidade, tais valores vão sendo substituídos, de sorte que as instituições começam a sofrer um processo de transformação que tem como ponto de partida essa experiência. Mas no curso do desenvolvimento, as transformações tendem á institucionalização, e no setor do ordenamento jurídico velhos institutos remodelam-se ao lado d novos, que acabam por se impor. Preside essa institucionalização a generalização de um novo método de pensamento jurídico.

6. Especialização das instituições

O terceiro aspecto é o da *especialização das instituições.*

A medida que o processo de transformação, avança, as instituições sociais diferenciam-se por especialização. Dessa di-

10 Cf. MIGUEL REALE – Teoria do Direito e do Estado. 2ª ed. Liv. Martins Editora. São Paulo. 1960, p. 9.

versificação, resultam importantes modificações na estrutura dos grupos sociais e, sobretudo, na mentalidade e nos hábitos do povo.

Para verificar o atraso do Direito num país em desenvolvimento, tais modificações devem ser fixadas.

A investigação perderia todo interesse se fossem unívocas as características socioculturais dos países em desenvolvimento. As peculiaridades nacionais determinam reações diferentes, embora as variações decorrentes do particularismo de determinada situação histórico-cultural jamais adquiram características de absoluta originalidade.

Por outro lado, as mudanças institucionais determinadas pelo desenvolvimento econômico não se processam sincronicamente. Enquanto algumas realizam-se rapidamente, acompanhando e até ultrapassando o ritmo do desenvolvimento, outras resistem, apegadas á tradição, permanecendo no clima cronológico da economia atrasado. O mesmo descompasso manifesta-se em relação á mentalidade dos grupos sociais. Alguns assimilam rapidamente as mutações e passam a ter idéias, motivações e atitudes correspondentes á concepção do mundo e da vida dominante ao tempo em que os povos mais adiantados atravessaram a mesma fase de desenvolvimento. Seduzem-se, ademais, pelos aspectos novos que a vida de tais povos ostenta na fase superior a que atingiram. São os progressistas. Outros, porém, mostram- se insensíveis ás repercussões do processo de desenvolvimento, conservando suas características tradicionais.

O quadro de um país em desenvolvimento fere a vista do observador pelo acúmulo de contrastes e incongruências. Nada é mais expressivo para atestá-lo de que a coexistência dos mais primitivos e dos mais modernos processos técnicos de produção. Ao lado de máquinas que representam a última palavra da técnica sobrevivem instrumentos de trabalho rudimentares, próprios de uma época distante. Contrastes violentos, como o que se observa macroscopicamente no país entre as áreas metropolitanas do sul e cidades do hinterland nordestino. O Brasil, na lúcida observação de OLIVEIRA VIANA, ainda é uma espécie de museu de sociologia retrospectiva ou de história social.[11]

No Brasil, a coexistência desses contrastes, a justaposição de faixas distintas do desenvolvimento, a convivência do moderno e do antigo, da tradição e progresso, adquiriu uma dimensão nova, a dimensão geográfica – As diferenças entre regiões do país sob o ponto de vista do desenvolvimento econômico é tão sensível e chocante que um observador estrangeiro fixou, em páginas memoráveis, a existência de dois Brasis (JACQUES LAMBERT).

Temos em nossa sociedade, como frisou J. ROBERTO MOREIRA, "um novel capitalismo industrial, um processo de urbanização em marcha, lenta, mas progressiva secularização

11 Instituições políticas brasileiras vol. 2. p. 118. Observa OLIVEIRA VIANA que "todos os tipos da estrutura social que tem tido – desde os primeiros dias da colonização, desde a época das feitorias até hoje – todas as fases econômicas pelas quais ele vem atravessando, – desde a 'idade do couro" à idade do vapor e da eletricidade e dos plásticos em que está; todos os ciclos de sua economia social, desde a "economia industrial", à "economia metropolitana", de Mumford; todos esses tipos, fases e ciclos nós os encontramos dentro dele, subsistindo e coexistindo ai pelos seus sertões obscuros ou florescendo pelos seus planaltos e litorais –; e é tudo como num mostruário de museu etnográfico". Informa esse sociólogo que "há regiões no interior do Brasil que ainda estão em plena 'idade cio couro", como nos Primeiros séculos coloniais, em que o boi ou o bode é base de tudo, até da moeda. Outras há que estão ainda em pleno ciclo da caça e pesca. Outras há que nos reportam aos primeiros dias coloniais.

das instituições, progressos tecnológicos importantes, liberalismo político ao mesmo tempo que um mitigado estatismo econômico, progressiva liberdade de pensamento, progressiva organização das classes trabalhadoras e das classes patrimoniais, e , do outro lado, mercantilismo e latifúndio, imensas áreas interiores e subáreas urbanas da vida primitiva, de subemprego e de semi-servidão, a persistência da grande família de parentesco e compadresco, mais ou menos teocratizado, o coronelismo político e o populismo demagógico, individualismo patriarcal e homogeneidade das massas miseráveis que ele domina, primitivismo dos meios de produção".[12]

7. Mutações institucionais

Um país que entra na faixa do *desenvolvimento econômico* sofre alterações nas suas instituições sociais que provocam a reformulação dos seus problemas básicos.

Iniciado o processo de desenvolvimento econômico, as instituições vigentes começam a ser abaladas. Desencadeia-se um movimento reformista que visa a substituí-las ou adaptá-las às novas condições, tornando-as compatíveis com o esforço desenvolvimentista. Opera-se, com efeito, uma indiscutível mudança na mentalidade do povo, acirrando-se o conflito entre conservadores e progressistas.

Nessa fase, os contrastes, as contradições, os hibridismos mentais tornam-se agudos, dando a impressão de que toda a sociedade está envolvida numa atmosfera de confusão, a cujo in-

12 Sociologia política da lei de diretrizes e bases de educação nacional, "in' Revista Brasileira de Estudos Políticos nº 9, julho de 1960.

fluxo multiplicam-se incompreensões e as dissensões ganham corpo. A necessidade de mudar as instituições sociais não se apresenta a todos a mesma ma extensão. Apego à tradição e desejo de renovação alternam-se. Nas diversas camadas sociais, como nos indivíduos, a conjunção espúria do novo ao antigo dá-se insensivelmente, gerando atitudes contraditórias, quando não um comportamento paradoxal. Espíritos progressistas em relação á necessidade de orientar a atividade econômica por novas diretrizes, próprias á sua dinamização, mostram-se infensos a qualquer alteração em outros setores da vida social, presos á velha mística, sem compreenderem que as instituições tradicionais não se compadecem mais com o grau de desenvolvimento econômico a que já se atingiu. São incongruências comuns nas épocas de transição.

Aos sociólogos fere, principalmente, como "um dos aspectos mais penosos da transformação, o declínio da velha moralidade.[13] Nessa fase do desenvolvimento econômico, periga a própria estabilidade social, pois que a mudança de mentalidade pode processar-se com muita rapidez, quebrando todas as hierarquias.

O risco da desintegração social pode ser evitado, ou ao menos diminuído, se as instituições forem modificadas, com moderação, através de uma política inteligente, de que faz parte a reforma das instituições jurídicas. Necessário, em suma, que as mutações institucionais não se façam violentamente, com um radicalismo subversivo. Não devem realizar-se, em suma, com desprezo absoluto dos hábitos e crenças arraigadas, até que as

13 A. LEWIS, A teoria do desenvolvimento econômico, p. 184.

transformações econômicas refreiam-se, compatibilizando-as tranquilamente com a nova mentalidade.

8. Aspectos do processo de desenvolvimento econômico

Uma vez que as instituições modificadas podem disciplinar e estimular o processo do desenvolvimento econômico, cabe ao Estado promover ou ensejar as mutações, de acordo com essa política, a fim de prevenir a conturbação da ordem social. Também, no particular, o planejamento tem a sua razão de ser, ainda que seja absurdo pensar-se em *mutação dirigida*, na extensão plena do qualificativo. A necessária intervenção do Estado no próprio processo de desenvolvimento econômico ha de se fazer, acentuadamente, mediante reformas inteligentes da legislação. Direito e desenvolvimento têm, com efeito, intima conexão –, eis que o processo desenvolvimentista se desdobra, afinal, numa série de substituições do proibido pelo permitido e na incorporação de maior numero de pessoas ao circulo da proteção jurídica. A ação estatal em prol do desenvolvimento ha de consistir, em suma, na promoção de reformas que ampliem a liberdade de ação dos indivíduos e facilitem o aproveitamento das oportunidades econômicas.

Muito embora o desenvolvimento econômico do Brasil tenha se iniciado quando a fase ascendente do capitalismo liberal chegara a seu termo, processa-se na parte do mundo, onde persiste o modo de produção capitalista. A permanência do país nessa área não significa, contudo, que tenha de percorrer o mesmo caminho que, dos meados do século XIV até o segundo quartel do século XX, foi trilhado pelas nações que se adiantaram na marcha do progresso. Mas, se outros podem ser os caminhos, se a política do desenvolvimento pode obedecer a novas inspirações e adotar novos métodos, é de se reconhecer que, por essa ou por aquela forma, todo país que queira se desenvolver deverá realizar os atos que possibilitaram a expansão do capitalismo, ainda que com finalidade diversa da que estimulou o desenvolvimento. De fato. Sem destruir as formas de produção pré-capitalistas não é possível acelerar o desenvolvimento. Nenhuma nação conseguiu liquidar seu atraso econômico sem industrializar-se. O progresso econômico realiza-se pelo crescimento maciço da produção, que só se verifica pela intensificação da atividade industrial. Mas a ascensão nesse setor produtivo não se consolida senão quando se desenvolve a industria pesada. O crescimento vertiginoso da produção industrial acarreta, por sua vez, o processo de urbanização, o crescimento da renda nacional e o aumento de salários.

Alguns aspectos desse processo estão se manifestando entre nós. Perduram, no entanto, formas pré-capitalistas de produção, a industria pesada é embrionária, a agricultura continua a ter importância fundamental no conjunto de nossa economia, a população rural conservar-se majoritária e a renda nacional é ainda insignificante.

9. Ação do Estado no processo de desenvolvimento

O impulso para essa industrialização é estimulado pelo Estado. Esta é uma das particularidades do desenvolvimento que se processa no segundo quartel deste século. Por força de causas conhecidas, o Estado deixou de ser o espectador inerte da vida econômica. Mesmo nos países que a fundamentam na livre-iniciativa, a interferência estatal se faz sentir numa dimensão nova. O Estado transforma-se no grande promotor do desenvolvimento. Não se limita a ampliar os serviços públicos e a ordenar as instituições econômicas. Influencia por todos os modos, do estímulo ao controle, as atividades produtivas. Ele próprio põe-se á frente do esforço desenvolvimentista, tornando-se empresário naqueles setores básicos em que seria prejudicial esperar pela iniciativa privada, como tem acontecido, entre nós, com a exploração do petróleo, a produção de energia elétrica e a própria industria siderúrgica. Ademais, concorre decisivamente para a implantação de industrias importantes ao desenvolvimento global, como se vem verificando em relação á industria automobilística. São formas de ação que, dentre outras, concorrem para favorecer o desenvolvimento, alem das medidas políticas de defesa da produção nacional e de controle da atividade econômica. Evidentemente, o crescimento do país nesse período realiza-se de modo diferente, com a vantagem de poder aproveitar a experiência dos povos que o realizaram na fase ascendente do capitalismo para evitar a incidência nos erros cometidos e orientá-lo para rumos diferentes, quer no seu objetivo imediato, que passou a ser a melhor distribuição da riqueza, quer no sentido da expansão, que não pode ser mais a criação de impérios coloniais ou a conquista de mercados para a colocação de produtos industriais.

Embora, pois, o esforço para o desenvolvimento se realize através do sistema capitalista de produção, o fato de se cumprir numa época em que o capitalismo modifica as suas bases e diretrizes, altera, mesmo, as suas coordenadas. Não mais se verifica sob a inspiração e a filosofia do liberalismo econômico, no qual era quase nula a influência direta do Estado sobre a vida econômica. Por isso a sua ordenação jurídica pelo Estado assume considerável importância nos países que iniciaram contemporaneamente o seu processo de desenvolvimento. O fator jurídico no desenvolvimento econômico ganha, com efeito extraordinário relevo.

10. Influência das condições socioculturais

No problema do desenvolvimento econômico tem sido subestimada, por muitos, a importância de alguns termos interessantes ao seu equacionamento. A tendência para visualizá-lo de um ângulo exclusivamente econômico tem impedido, com efeito, que outros fatos e condições sociais sejam estudados na sua correlação com o desenvolvimento. Vários economistas, no entanto, levam em conta a influência dos fatores institucionais, superando a estreiteza de vistas comum aos especialistas. Não trata de procurar as causas cio desenvolvimento econômico fora do âmbito próprio das ações de produção, e, muito menos, de negar fluência preponderante dessas relações, de reconhecer a importância das condições socioculturais no fenômeno do desenvolvimento. O homem reage ás mudanças tecnológicas, descobrindo motivações e assumindo atitudes que influem no próprio processo do desenvolvimento econômico.

Admitindo-se, por evidente, que os interesses econômicos do homem não constituem um fim em si, é de fundamental importância o conhecimento das motivações em função dos valores que a. comunidade em desenvolvimento elabora no seu meio cultural, traçando, afinal, as normas do seu comportamento.

Assim, a convicção de que influem preponderantemente no desenvolvimento econômico a *mudança tecnológica* e a *formação do capital*, que o explicariam, caracterizando-o, não deve impedir o reconhecimento de que instituições concorrem para esses fins, podendo estimular ou impedir a adoção de novas técnicas e a formação do capital produtivo, como esclarece CHARLES WOLF JR.[14]

A análise do desenvolvimento econômico não deve se satisfazer com a de suas condições técnicas. É necessário investigar as *condições socioculturais*, para abarcar o fenômeno em toda a sua complexidade. Cumpre verificar se as instituições estão acicatando ou fretando o comportamento tendente ao desenvolvimento. Inovações institucionais fazem-se necessárias nas sociedades subdesenvolvidas para que mude a própria mentalidade do povo. Há, por outras palavras, "obstáculos institucionais subjacentes" que precisam ser eliminados para que o caminho do desenvolvimento seja destocado.

11. O primado das inovações institucionais

O comportamento humano é motivado, sem duvida, por "necessidades e objetivos", mas tais objetivos e necessidade, quando generalizados, são racionalizados em "valores" que impelem os homens à adoção de tipos específicos de ação voluntária.[15] Esses "valores" precisam ser reordenados numa comunidade que está se devolvendo. Mudanças institucionais concorrem para a modificação do sistema de valores, mas é preciso reconhecer que a aceitação de novos valores influi na estrutura institucional. A tese dos que defendem o primado das

14 As instituições e o desenvolvimento econômico, in "Aspectos sociais do crescimento econômico", coletânea de artigos publicada pela Universidade da Bahia, p. 52.

15 Charles Wolf Jr. Op. cit. p. 80.

inovações institucionais nos países desenvolvidos, contrariamente á convicção predominante da "primazia causal de valores", parece mais aceitável. Todavia, isso não significa que deve ser subestimada a influência que as motivações e valores exercem em tais países no sentido de favorecer o desenvolvimento econômico. Sabe-se que uma estrutura institucional soldada por longa tradição pode anquilosar valores e motivações, transformando-os em obstáculos ao processo de desenvolvimento pela resistência que oferecem a qualquer modificação. Mas a consciência da necessidade de progredir e a convicção de que é possível libertar-se do atraso econômico implicam, como no caso brasileiro, a mudança de mentalidade, determinando um comportamento novo, orientado para valores novos, de que resulta a pressão necessária á mudança na estrutura institucional.

Entre nós, essa consciência e essa convicção vão exercendo sensível influência sobre as instituições – tomada essa expressão no sentido mais lato para abranger inclusive a "política" e não apenas no sentido de organização dada por MALINOWSKI. Estão se modificando no sentido favorável ao desenvolvimento ou sofrendo ataques que visam a sua mudança.

12. O jurídico e o econômico

Se bem, pois, que o jurídico se ache condicionado ao econômico, é incontestável que constitui um fator social capaz de dificultar ou favorecer o crescimento material de determinada comunidade. O comportamento dos indivíduos em relação aos fenômenos de produção e consumo dos bens é regrado pelo Direito, através de leis, usos e costumes que tanto podem estimular as atividades necessárias ao desenvolvimento econômico do país como constituir um entrave á sua realização.

É claro que a influência do fator jurídico se faz sentir beneficamente quando as disposições normativas concernentes á propriedade, ao trabalho e ao crédito facilitam a atividade de indivíduos e grupos. Ela é negativa, no entanto, se a dificulta, até mesmo por omissão do legislador.

De certo, o jurista ha de partir dos *dados econômicos*, sem que, com esse método, esteja aceitando integralmente a concepção de que o Direito é mera cristalização da economia ou simples "projeção do econômico sob um ângulo normativo". Há de reconhecer, no entanto, que o fator jurídico reage sobre o econômico, não sendo, pois, simples forma que se amolda conteúdo, ou mero subproduto. Para julgar dessa influência, seria preciso analisar as leis que traduzem mais diretamente a *política econômica* do país. Ninguém ignora que a industrialização de um país essencialmente agrícola não é possível sem disposições legais que protejam os produtos nacionais da concorrência de similares estrangeiros. Normas jurídicas que entravem a capitalização dos países dificultam obviamente seu crescimento, tanto mais quanto obstáculos criados externamente retardam-na. Inexistência de leis na assegurem direitos à classe trabalhadora para lhe proporcionar capacidade aquisitiva desestimula os empreendimentos industriais. Leis fiscais que instituam pesados tributos sobre as atividades econômicas, concorrendo para restringir o consumo, descoroçoam o crescimento de tais atividades. E, assim por diante.

Necessário, pois, investigar a ação do jurídico sobre o econômico no processo do *desenvolvimento*.

Antes, porém, deve ser feita uma súmula da *situação histórica desse processo.*

CAPÍTULO 2

Situação Historica do Desenvolvimento

13. A estrutura jurídica antes de 1930

Tomando como ponto de partida o ano de 1930, verifica-se que dai em diante o país ensaia seus primeiros passos no caminho do desenvolvimento, para começar a marchar firmemente no decurso da segunda guerra mundial, e acelerar a marcha nos anos seguintes à cessação das hostilidades, notadamente no ultimo decênio.

Um confronto superficial entre as duas fases revela que a evolução se processou, em todos os planos, correspondentemente aos esforços para a libertação do subdesenvolvimento.

Antes de 1930, o regime político, instituído em 1889, era uma democracia de cúpula, sem maior penetração popular, que favorecia a restritas camadas sociais. As classes populares viviam, por assim dizer, alheias à vida política e estranhas às formas de cultura urbana típicas dos países desenvolvidos. A Constituição federal, inspirada no modelo americano, permaneceu inautêntica, divorciada da realidade nacional, ao longo de quase meio século de nossa vida republicana. Fazia-se a escolha dos governantes com o emprego de processos e expedientes que desnaturavam completamente o regime representativo. Como só alguns grupos sociais se encontravam em condições de participar de modo efetivo na vida política do país, dominavam inteiramente o aparelho governamental e o manobravam de acordo com os seus interesses, procurando adotar atitudes correspondentes à ideologia que os identificava a despeito da divergência de seus interesses imediatos. Impregnados da filosofia política da época, procuravam vestir o país segundo o figurino dos países desenvolvidos, transplantando para o nosso meio instituições e processos que não se coadunavam ao grau do nosso desenvolvimento, mas, na prática, refletindo fielmente as condições objetivas da vida social e cultural do país. Bem característico no particular é a *legislação*. Quer no campo do direito público, quer no terreno do direito privado, as leis traduziam aspirações progressistas da classe dominante, sem possibilidade de aplicação e, não raro, opondo-se à tradição cultural do país. Essa atitude das elites em relação ao direito positivo do país foi focalizada com extraordinária lucidez por OLIVEIRA VIANA, em relação ao nosso Direito Público. Qualificou-a de *marginalismo jurídico*, analisando-a como expressão de um *idealismo utópico* que se caracterizava por um alheamento total de nossa realidade social errônea na eficácia dos preceitos da Constituição.[1] A mentalidade dos políticos e juristas nacionais era ainda a que dominara entre os colonizadores espanhóis nos séculos XVI e XVII, conforme o registro de INGENIEROS.[2] Quem ler as leis promulgadas nossa fase, desde a própria Constituição, tem a falsa impressão de que

1 Instituições políticas brasileiras, 2.° vol. pp. 11 e segs.

2 Evolucion e las ideas argentinas, apud. Oliveira Viana, op. cit. p. 16.

o país atingira alto grau de civilização. No entanto, divorciadas da realidade nacional, existiam apenas no papel. A legislação, como observara RENÉ DAVID em relação aos povos ibero-americanos, refletia, antes de tudo, o ideal de justiça de uma classe dirigente, européia por sua origem e cultura, não levando em conta as condições de vida, os sentimentos ou as necessidades de outras partes da população.[3] Com inteiro desapreço pela realidade subjacente, nossos juristas importaram o direito estrangeiro de povos mais cultos e acreditaram que a importação desse direito era suficiente para converter a realidade cultural do país ao modelo ideal que buscavam no exterior. Verifica-se em toda a extensão o fenômeno da *alienação cultural*, marcado na esfera jurídica pela transplantação acrítica de normas e institutos dos povos mais adiantados. Não admira que esse direito – teórico permanecesse inaplicado, exercendo, quando muito, uma função educativa, ou simplesmente programática.

14. Estratificação social do país

Era simples a estratificação social do país nos fins do século passado, quando a lavoura do café passou a constituir a principal atividade econômica do país. No ápice da pirâmide, a classe dos *fazendeiros*, na qual eram economicamente mais poderosos os cafeicultores, embora predominasse numericamente a fração tradicional que conservava relações de produção muito semelhantes as que dominavam antes da abolição da escravatura. Na seção intermediária, uma *classe média* pouco numero-

3 Traité elementaire de Droit Civil Comparé. Lib. Gen. De Droit et Jurisprudence. Paris, 1950 p. 267.

sa, encaminhada às tarefas burocráticas ou ao serviço militar, dominando o aparelho político e administrativo do Estado, a que se juntava, nas zonas urbanas, a burguesia mercantil do comércio interior. E, na base da pirâmide, a *classe trabalhadora* constituída na sua grande maioria de proletários rurais, os antigos escravos, classe que, ainda hoje vive na miséria extrema, sem terra e sem educação de base.

Essa estrutura social durou praticamente até a primeira guerra mundial. A mudança na pirâmide ocupacional do país só se acentua a partir de 1940. Até então, 68,8% da população era rural. Então 1940 e 1950, a população urbana e suburbana passou, em números redondos, de 12 para 19 milhões, intensificando a tendência para a urbanização, devida principalmente ao processo de industrialização. Mas começa a se modificar, embora sem maior profundidade, na década de 1920-1930. Nesse período, o comércio exportador adjudica à classe dominante uma fração poderosa da burguesia, a indústria nacional ensaia seus primeiros passos, as 'cidades começam a crescer, a classe média aumenta consideravelmente e, nas zonas urbanas inicia-se a formação do operariado, começando o processo de diversificação profissional.

Nessa última fase, o país já estava em condições de realizar alterações profundas na sua estrutura agrária tipicamente colonial. Contudo sua economia permanecia vinculada ao comércio exterior, na dependência do principal produto de exportação, garantindo a ascendência dos fazendeiros, apesar da inquietação de largos setores da classe média, estadeada em pronunciamentos militares que conturbaram a vida do país, preparando a transição –, precipitada quando a posição do café se agravou no mercado internacional. Os reflexos da primeira guerra mundial faziam-se sentir na economia do país, revelando a impossibilidade de conservar a estrutura colonial caracterizada pela exportação do café e importação de produtos manufaturados.

15. Transformações depois de 1930

As transformações sociais iniciam-se a partir desse momento. No mundo sócio-cultural produzem-se modificações que acompanham o desenvolvimento econômico com maior ou menor velocidade. Nos planos político, econômico e social processaram-se, então, importantes mudanças. Em fim, a olhos vistos, o país chega a 1960 com a sua fisionomia modificada, caminhando penosa, mas firmemente, para atingir ao nível dos países desenvolvidos. Industrializa-se rapidamente. Novas formas de produção são empregadas. O consumo expande-se. A economia organiza-se em novos moldes, multiplicando-se as empresas de grandes dimensões. O Estado abandona sua atitude abstencionista e passa a intervir na vida econômica, fazendo-se empresário, dirigindo a economia, controlando ou fiscalizando certos setores da atividade econômica, estimulando a iniciativa privada. Muda completamente o panorama. Novos hábitos introduzem-se e se disseminam em todas as classes a aspiração de melhoria do "standard de vida". É nessa fase que o país toma conhecimento de suas potencialidades, amadurecendo a consciência coletiva pela compreensão da necessidade de superar a estrutura colonial e organizar a sua economia em condições de levar avante o processo do desenvolvimento nacional.

No setor político, realizam-se sensíveis progressos. A adoção do voto secreto e as modificações introduzidas no sistema e no processo das eleições possibilitaram maior autenticidade à representação. As classes populares passaram a participar ativamente da vida política. Organizaram-se partidos políticos nacionais, ainda embrionários. O clima ideológico alterou-se com a organização de forças novas imbuídas principalmente do sentimento de emancipação econômica e de afirmação duma reformulação dos seus problemas políticos, pela substituição de conceitos e práticas anacrônicas.

O desenvolvimento econômico provocou modificações na estrutura social do país, tornando-a mais complexa e definida. É verdade que, não se tendo realizado a reforma agrária, permanecem muitos traços da antiga estrutura. Os "fazendeiros" compõem ainda uma camada social prestigiosa, mas perderam o poder de comando que conservaram até à aceleração do processo de desenvolvimento. O crescimento do comercio e a ampliação do parque industrial deslocaram para essa fração da burguesia o eixo da esfera de influência na vida econômica e social do país –, assegurando-lhes a prerrogativa de impulsionar psicologicamente o desenvolvimento do país. A classe média cresceu consideravelmente e passou a exercer forte pressão sobre o Governo, constituindo-se em força respeitável, apesar das vacilações que restringem seu poder reivindicatório. As forças armadas continuam a ser a fração mais importante dessa classe, e estão imbuídas da convicção de que lhes cumpre desempenhar papel de relevo no processo de crescimento do país. Mas, fora de toda duvida, a mais importante alteração na estrutura social se deu pela formação do proletariado industrial. O aparecimento dessa força, ainda incipiente e recrutada principalmente entre camponeses atrasados ou imigrantes sem seleção, teve e continua a ter notável repercussão na vida social e política do país.

16. A revolução brasileira

Desse modo, inicia-se na segunda metade do século XX a chamada "*revolução brasileira*" caracterizada pela arrancada decisiva para a liquidação do subdesenvolvimento. O esforço para a liberação da estrutura colonial se faz acompanhar da mudança de mentalidade, que vai substituindo a antiga concepção da vida e introduzindo alterações sensíveis em todos os setores da vida do país.

CAPITULO 3

Heterogeneidade da Economia Brasileira e Direito

17. As três camadas da estrutura socioeconômica

A economia brasileira não é um todo homogêneo. Observa INACIO RANGEL que coexistem e se condicionam mutuamente três estruturas superpostas, cada qual submetida a leis peculiares, como formações heteronômicas que são[1] em extensas áreas onde habita metade da população, predomina a *produção direta*, determinando uma formação socioeconômica que corresponde à fase histórica imediatamente anterior ao aparecimento do capitalismo. A essa estrutura primitiva e pobre justapõe-se outra camada, que se caracteriza pela preponderância da economia de mercado nos moldes correspondentes ao período de ascensão do capitalismo no século XIX. Nessa área, a destruição das formas pré-capitalistas de produção acelera-se e o modo de produção capitalista afirma-se vitoriosamente. Terceira camada, de formação mais recente, superpõe-se a essas estruturas, constituindo-se de elementos que a identificam, no método porque se acham dispostos, à economia dos

1 Op. cit, p. 6.

países capitalistas que atingiram a fase lucidamente analisada por LENIN[2] na sua conhecida monografia sobre o imperialismo. Mas essa estrutura singulariza-se, entre nós, pela circunstância de que a economia ou a formação econômica a que corresponde não é decorrente da aplicação do capital financeiro particular, nem tem propósitos expansionistas. Nessa estrutura, o papel do Estado é preponderante, pois, sem dúvida, está dominando, como já foi assinalado, "as alavancas decisivas de comando da economia"[3]. Realmente, OS ramos de produção mais importantes, como a indústria petrolífera, constituída em monopólio estatal e outras estão sob controle do Estado, além de outros bens de produção. Também o *comércio exterior*, de importância decisiva para a economia do país, acha- se praticamente sob controle estatal, de modo que, nesse terceiro segmento da estrutura econômica, vai se caracterizando o desenvolvimento do país em termos de capitalismo moderno, mas capitalismo de Estado, fenômeno que alguns inadvertidamente tomam como processo socializante.

A *interação* das três camadas da estrutura sócio-econômica do país realiza-se em condições que marcam o processo do nosso desenvolvimento de aspectos singulares. O estímulo mais poderoso provém da política econômica do Estado, orientada no sentido de favorecer o aumento da produtividade no setor do capitalismo privado, o qual constitui, como assinalou o mesmo INACIO RANGEL[4] "a peça fundamental de todo o siste-

2 NA. cf. VLADMIR LENIN. Imperialismo, fase superior do capitalismo. Paris. Librairie de L'humanité. 1925.

3 INACIO RANGEL, op. cit. p. 38.

4 Op. clt. p. 71.

ma". Mas as três formações econômicas condicionam-se mutuamente, de modo que as reações da coexistência traduzem-se, sob o aspecto institucional numa variedade que reflete a heterogeneidade do substrato econômico.

18. Heterogeneidade cultural

Visto que se justapõem, – ou se super põem como pensam alguns, – três tipos de economia, não há homogeneidade cultural. Em conseqüência, as instituições jurídicas, que têm sido configuradas à imagem do ordenamento traçado nos países do grupo francês, de inspiração individualista, não se aplicam com a sua carga funcional senão naquelas áreas em que predomina o capitalismo privado, que está atravessando a fase atingida por tais países entre os fins do século passado e o começo do século em curso. Para as áreas que ainda se encontram no estágio da economia natural, tais instituições apresentam-se deformadas, quando lhes não são estranhas. No segmento em que se desenvolvem relações próprias do capitalismo mais avançado também se mostram inadequadas e vão sendo substituídas, com repercussão na camada em que predomina a economia de mercado, dando a impressão de que se desenvolve a tendência para se impregnarem de essência socialista.

A existência dessas três estruturas simultâneas dificulta a análise da correlação entre direito e economia, vale dizer da função que as instituições jurídicas estão desempenhando no processo do desenvolvimento econômico. Mas, como, em verdade, as mudanças verificam-se nos dois segmentos que realizam o desenvolvimento do país na perspectiva do capitalismo, privado ou estatal, facilita-se o esforço analítico, muito embora não possa ser limitado a eles, dado que a liquidação do atraso depende da superação da economia própria do segmento em que persiste a produção direta. Há de ser feita, por conseguinte, para abranger, na sua complexidade, a estrutura diversificada do país.

19. Processo de distribuição e inércia social

Sabe-se que o processo de alargamento da divisão social do trabalho, que se inicia com o *desenvolvimento econômico*, faz-se acompanhar de significativas transformações culturais, expressas sob formas diversas, dentre as quais interessa examinar a jurídica. Embora essas modificações possam ser consideradas decorrência do próprio desenvolvimento, é preciso não esquecer, como adverte INÁCIO RANGEL, que "o impulso para o desenvolvimento tem origem, não no processo de produção, mas no *processo de distribuição*, que é fato estritamente social, por que diz exclusivamente respeito às relações entre os homens".[5] Dentre as condições necessárias ao seu desdobramento, salientam-se, evidentemente, as de ordem econômica, mas, como a distribuição é fato estritamente social, concorre para incrementar o seu processo o estado das instituições jurídicas e políticas. Para medir essa influência tem grande importância o conhecimento das regras sedimentadas em antigos costumes, que produzem aquele fenômeno de *inércia social* com que contam os grupos dominantes numa economia subdesenvolvida para condenar, com relativo êxito, durante certo tempo, o

5 Introdução ao estudo do desenvolvimento econômico brasileiro, p. 27, Publicações da Universidade da Bahia, 1957.

comportamento dos homens exigido pelas novas condições de vida decorrentes do processo de desenvolvimento econômico. Tais *costumes* constituem uma barreira à evolução legislativa, mas, sobretudo, se apresentam como elementos de distorção dos novos preceitos reclamados pelo próprio desenvolvimento. Essa resistência é tenaz naquelas áreas onde o processo de produção não alcançou ainda a fase elementar que se caracteriza pelo predomínio absoluto da *economia monetária*. Neste país, o grosso da população ainda habita no campo. Apesar do vertiginoso crescimento das cidades, das emigrações internas, do êxodo dos camponeses, a maioria ainda vive em condições que não correspondem a uma economia desenvolvida. Nesta, as necessidades econômicas se satisfazem pela aquisição de produtos fabricados, pela compra de mercadoria. Na economia subdesenvolvida, é o próprio indivíduo que, usando as técnicas mais primitivas, procura sobreviver, produzindo, ele mesmo, os bens que satisfazem à suas necessidades elementares, como sejam a alimentação, a habitação e o vestuário. Ora, em grande parte do nosso "hinterland" predomina a *produção direta*, própria de estágios muito atrasados da evolução econômica da humanidade. Nas regiões mais atrasadas do país, a produção indireta é insignificante. O camponês satisfaz a necessidade de habitação construindo, ele próprio sua choupana; para alimentar-se, mata o animal que cria, faz a sua farinha, come o que plantou; e, até, para vestir-se, é obrigado, não raro, a confeccionar sua própria roupa. Evidentemente, um país no qual considerável massa de sua população vive nessas condições primitivas defronta-se com sérios obstáculos para acelerar o processo do seu desenvolvimento econômico. Não apenas porque grande parte da força efetiva de trabalho do país, seja improdutiva e, a tal ponto que já se disse, contundentemente, que, nessas áreas ainda extensas", a economia de mercado não passa de leve crosta boiando em imenso oceano de força de trabalho à espera de melhor ocupação.[6] Mas, porque o mercado permanece estacionário, incapaz de absorver os produtos fabricados, limitando os horizontes da industrialização, mesmo quando já se inicia o rompimento do *complexo rural* a que alude INACIO RANGEL, isto é, "o conjunto de atividades a que se dedica o camponês de país subdesenvolvido",[7] perduram os antigos hábitos rurais. Esses resíduos da economia subdesenvolvida refletem- se no meio cultural. Persistindo a mentalidade atrasada, influi sobre o próprio desenvolvimento, retardando o ritmo do aumento da produtividade até pela resistência ao novo estilo de vida.

20. Distorções sociais na aplicação das leis

Apesar da diversidade de suas zonas geoeconômicas e do desigual desenvolvimento de suas regiões, o Brasil tem uma só legislação. Entre nós, não há direito civil, comercial ou do trabalho que não promane da União, constitucionalmente competente, como é, para legislar, com exclusividade, privativamente, sobre essas matérias, O direito é um só para todo o país, aplicando-se indistintamente nas áreas urbanas mais adiantadas e nas regiões mais atrasadas do interior. Quando se considera que entre essas partes do país há uma distância de séculos, pode-se imaginar o que representa a prática desse direito uniforme. No entanto, o que conta é essa prática. O direito, tal como se acha expresso nos Códigos, não traduz o grau de cultura de um

6 INÁCIO RANGEL, Op. cit. p. 56.

7 Op. cit. p. 55.

povo. A julgar pelas leis que editam, os países ibero-americanos seriam os mais avançados, visto que as suas elites sempre se esmeraram na assimilação das conquistas mais recentes da ciência e da técnica jurídicas. Quando se observa, porém, a aplicação dessas leis, nota-se que sofrem o que MENDIETA y NUÑEZ chama *distorção social*.[8] Ao contacto com as realidades ambientes, realmente, que inúmeras leis se alteram no seu sentido e no seu alcance, a ponto de se desfigurarem completamente.

Demais disso, não são poucas as leis que, divorciadas da realidade econômica e social do país, deixam de ser aplicadas, tendo vida apenas no papel em que são impressas. Algumas aplicam-se a limitadas regiões do país, sendo inúteis para o resto do território nacional. Outras jamais se cumpriram. Finalmente, leis há que se chocam com usos e costumes arraigados, contrariando o *direito-vivo*, diante do qual cedem.

Exagero, não há, pois, em afirmar-se que a legislação dos povos subdesenvolvidos da America Latina é eminentemente programática, mesmo no terreno do Direito. Privado, tendo uma função mais pedagógica do que propriamente normativa.

Para verificar, por conseguinte, se o Direito do país é um fator positivo ou negativo do *desenvolvimento*, não basta analisar o ordenamento jurídico na sua expressão literal. Se a investigação reduzir-se a essa análise conduzirá, inevitavelmente, a falso resultado. Mister se faz verificar se o direito escrito está sofrendo profundas distorções sociais ou se permanece autentico exclusivamente para regiões que transpuseram a barreira do subdesenvolvimento.

---

8 Influencia del factor juridico en el desarollo econômico, no Boletim do Centro Latino Americano de Pesquisas em Ciências Sociais, p. 20.

21. Heterogeneidade cultural e aplicação das leis

Incidiria no mesmo erro de visão do legislador quem quisesse testar a correspondência entre o Direito e a realidade social subjacente tomando como ponto da comparação as zonas industrializadas do sul do país. Tendo-se em vista o grau de progresso material a que já atingiram, é inteligível que diversas leis de direito privado estejam a exigir urgente revisão. Até mesmo na esfera das relações extra-patrimoniais, reformas estariam a se impor. Em cidades como São Paulo ou Rio de Janeiro, o Direito de Família, tal como expresso no Código Civil, reclama alterações substanciais, incontestável, como é, que o desenvolvimento econômico determinou novos hábitos, atitudes e costumes com os quais não se compadece a disciplina da organização familiar traçada sobre condições muito diversas no começo do século. Mas esse ponto de referência não permitiria que se tivesse uma idéia exata da adequação da lei aos fatos no Brasil, por isso que a realidade social no resto do país não se apresenta com as mesmas características.

Ora, a questão não pode ser posta nesses termos. O desenvolvimento econômico de um país não se mede pela expansão industrial e comercial de uma de suas zonas geoeconômicas. Quem julgasse o Brasil pelo progresso material dessas regiões estaria incorrendo grave equivoco. Por certo, o progresso regional significa que o país, em seu conjunto, tem crescendo. Mas o julgamento só será real se abarcar o país em toda a sua extensão geográfica. Por outro lado, não se deve intentar a investigação, limitando-a a certos setores da população. O desenvolvimento de um país não pode ser aferido pelo nível de vida e pela cultura das camadas superiores da população –, como, do mesmo modo, não se deve fixar o seu grau de educação e cultura pelas camadas mais baixas. Também aqui é necessária a visão de conjunto, por mais gritantes que sejam os contrastes e antagonismos, pois são eles precisamente que possibilitam o julgamento verdadeiro.

22. Heterogeneidade das relações de produção e direito

Nas relações de produção esses contrastes são chocantes. Enquanto nos grandes centros industriais e comerciais, a atividade econômica desenrola-se sob a forma jurídica do *contrato de trabalho*, disciplinado por uma legislação que protege os trabalhadores, bastante avançada nesse propósito, em vastas regiões do país, no campo, o trabalho ainda se executa sob formas que revelam atraso chocante. No Nordeste, por exemplo, há regiões nas quais o camponês não percebe salário. Em algumas zonas, o trabalhador rural entrega ao dono da terra parte da colheita do que plantou no pequeno trato de terra que lhe foi cedido a titulo precário, ou dá, por semana, um dia de serviço, pagando com trabalho, a permissão de morar na fazenda. Há, de certo, os que recebem por serviço que prestem, mas com a obrigação de prestá-lo. Alguns pagam uma renda anual, mas não têm o direito de construir casa de telha, nem de fazer plantações senão da chamada lavoura de subsistência, impondo-lhes o dono da fazenda essas restrições para obstar a aquisição de direitos sobre a terra que dificultem sua retomada quando convenha ao proprietário. Em inúmeras fazendas de gado, os trabalhadores que cuidam dos animais raramente percebem salário, sendo comum dar-se- lhes pequena participação nas crias. Mesmo nas zonas mais adiantadas ou mais próximas da capital, o regime salarial não é generalizado. Em algumas, adota-se o sistema da empreita, que é forma lavrada do contrato de empreitada. Naquelas lavouras em que o trabalho é retribuído com salário, não há, via de regra, continuidade de serviço que assegure ao trabalhador a condição de assalariado equiparável à dos operários urbanos. Nestas condições, os tipos contratuais esquematizados na legislação para disciplina da atividade profissional são inteiramente ignorados em vastas regiões do país, que se conservam culturalmente atrasadas no seu arcaísmo inveterado. O contrato de trabalho, a empreitada, a parceria e outras formas jurídicas de exercício de uma atividade profissional permanecem estranhas a considerável massa de trabalhadores de campo. A Consolidação das Leis do Trabalho reconheceu a impossibilidade da aplicação de seus preceitos aos trabalhadores que, exercendo funções diretamente ligadas à agricultura e à pecuária, não estejam empregados em atividades que, pelos métodos de execução dos respectivos trabalhos, ou pela finalidade de suas operações, se classifiquem como industriais ou comerciais. [9] Embora essa exclusão tenha sido ditada pela inadequação dos preceitos trabalhistas ao contrato de trabalho para o exercício de atividade profissional no campo, percebe-se que o legislador, levando em conta, dessa vez, a realidade econômica e social, compreendeu que até nas regiões mais adiantadas, onde o regime do salariado já foi adotado, não seria possível regular as relações de produção nos mesmos termos estatuídos para a sua disciplina nas atividades comerciais e industriais que se desenvolvem nas zonas urbanas.

---

9 Art. 7°, letra b.

23. Inaplicabilidade de leis impróprias a certas regiões

Também em outras esferas, usos e costumes estratificados impedem a aplicação dos preceitos codificados. As disposições do Código civil concernentes ao direito de propriedade e a certos direitos reais limitados sofrem, em certas regiões, graves distorções sociais. Basta um exemplo para comprovar. Em relação à propriedade, há disposições relativas aos direitos da vizinhança que são inaplicáveis a certas regiões do país, como a do Art. 588, § 3º[10], atinente à obrigação de cercar as propriedades. Pelo regime instituído no Código Civil quanto ao *direito de tapagem*, incumbe ao proprietário ou detentor de aves ou animais de pequeno porte, como cabritos, carneiros e porcos, cercar, com tapumes especiais, suas propriedades. Esses animais costumam danificar as plantações, de modo que se fora permitido legalmente criá-los soltos, os proprietários que, na zona de criação, se dedicassem à lavoura, estariam expostos a prejuízos e praticamente impedidos de fazer plantações, a menos que eles próprios não levantassem os tapumes especiais de proteção. Esta segunda alternativa não poderia ser adotada pelo legislador porque estaria criando um ônus para o proprietário exposto a ser prejudicado pela atividade econômica de vizinho. Do ponto de vista lógico e dentro de inatacável critério de justiça, a regra do Código Civil não é passível da menor censura.

---

10 NA. Código Civil, texto de 1916: "Art. 588. O proprietário tem direito a cercar, murar, valar, ou tapar de qualquer modo o seu prédio, urbano ou rural, conformando-se com estas disposições. §3º. A obrigação de cercar as propriedades para deter nos seus limites aves domésticas e animais, tais como cabritos, porcos e carneiros, que exigem tapumes especiais, cabe exclusivamente aos proprietários e detentores". Esse dispositivo corresponde ao art.1.297 e seu §3º do texto de 2002 do Código Civil.

Mas a criação do gado caprino faz-se preponderantemente na região nordestina do país, zona de secas, árida, cuja riqueza é representada pela criação desses pequenos e resistentes animais. Seja por um costume arraigado, seja em razão do pequeno valor econômico dessas terras, a criação se faz *no aberto*. As fazendas da "catinga" não são cercadas, ao contrário do que se dá com as propriedades rurais situadas nas chamadas zonas da mata. Como valem pouco, constituem-se, de regra, por vastas extensões territoriais que tornam ante-econômica a tapagem. Por outro lado, a criação desses animais de pequeno porte não pode ser feita pelo processo da estabulação. Surge, daí, o conflito entre o *direito legal* e o *direito costumeiro*. Bem examinada a situação, verifica-se a impraticabilidade do preceito do Código Civil nessas regiões. Posto que imponha ao proprietário desses animais a obrigação de cercar suas propriedades, tal exigência permanece letra morta. Se tais proprietários, fossem compelidos a construir os tapumes especiais a que se refere o Código Civil seguramente se extinguiria essa atividade econômica, que é a principal fonte de riqueza da extensa região. Quem a conhece não tem dúvida de que a regra do Código Civil é inaplicável. No entanto, em outras regiões, e especialmente para o gado ovino e sumo, o encargo de fazer tapumes especiais pode e deve ser atribuído a quem os cria.

Legislando para um país de tantas diferenciações o codificador percebeu que costumes locais poderiam obstar a aplicação da lei no particular. Verifica-se essa preocupação no único preceito relativo ao *compáscuo*[11], no qual estatuiu que deve ser

11 NA O compáscuo não mais foi expressamente regido pelo texto de 2002 do Código Civil. Trata-se de uma utilização conjunta de pastos por vários

regido pela legislação municipal quando ocorrente em terrenos baldios e públicos. Por essa disposição como que contraria o preceito do Art. 563[12] porquanto, sendo baldio o terreno que não é cercado, pode o Município, indiretamente, compelir o proprietário que queira Lazer plantações a cercar sua terra, a fim de evitar seja tida como pasto comum. É, de qualquer sorte, um expediente para contornar a dificuldade oriunda do choque entre o *direito legal* e o *direito costumeiro*. O que importa, porem, é salientar a existência de situações que demonstram a falsidade do critério de julgar o grau de desenvolvimento econômico de um país pelo seu direito escrito.

24. Inadequação do Direito e desenvolvimento

Outros exemplos poderiam ser trazidos para demonstrar que muitos preceitos do nosso Direito Privado, ditados para aplicação nas regiões mais adiantadas do país, são inadequados para as zonas mais atrasadas. Daí resulta que o Direito escrito tanto pode ser um fator positivo no desenvolvimento econômico, um fator negativo.

Como, entretanto, a investigação tem por objeto a verificação do "comportamento" da legislação em face do desenvolvimento econômico, há que examiná-lo em função do impulso

proprietários de gado. Esse uso comum das mesmas pastagens pode ser objeto de contrato no qual se aplique, subsidiariamente, o regime jurídico do condomínio. Orlando Gomes, também, retirou o compáscuo das modalidades de condomínio em seu célebre Projeto de Código Civil de 1963, argumentando que se trataria de "um concurso de vários direitos especiais independentes, a que falta a interligação própria do condomínio".

12 NA corresponde ao art.1.288 do texto de 2002 do Código Civil.

que e país tomou na última década. O exame interessa se feito com o propósito de verificar se o atual ordenamento jurídico concorre iara o desenvolvimento ou se, ao contrário, o freia ou descoroçoa.

25. Nova disciplina jurídica das relações de produção

Já nas zonas em que houve rápido avanço, novas disposições legais foram editadas, renovando-se celeremente o acervo legislativo, que se enriqueceu com a incorporação de numerosas normas exigidas pela transformação da estrutura econômica. As inovações realizaram-se principalmente no setor das *relações de produção*, não só porque mais imediatos os efeitos da mudança social, mas, também, porque a ação disciplinadora do Direito não encontrou maior resistência numa tradição que devesse ser derrotada. As relações humanas de trabalho na estrutura pré-industrial e pré-urbana regulavam-se por normas inaceitáveis numa sociedade que sai de um tipo de economia simples como o que resulta do sistema de produção pré e para capitalista. Tão patente é a inadequação desse estatuto jurídico às novas relações que a sua substituição pôde se dar pela ação pioneira do Estado, sem causar maior abalo. Isso ocorreu porque essa ação vai alcançar novos tipos de relações que obedecem a um padrão com força própria para se impor.

Mesmo assim, a imagem das relações substituídas continua gravada na retina do legislador, e tão vivamente, que quando se dispõe a disciplinar as novas relações deixa-se dominar por um sentimento paternalista, de que é típico o estado de espírito da massa trabalhadora, nas primeiras décadas do novo estatuto, que a levou a ter como pai dos pobres o Chefe do Estado em cujo governo ditatorial a legislação do trabalho foi elaborada. O Estado toma o lugar de patrão, não como empregador, mas como o protetor que ajuda o empregado em caso de necessidade, que o trata, enfim, com um membro da família, ainda que em plano secundário. Tal política protecionista, de amparo, de ajuda, de proteção ao homem desenvolve-se quando o tipo de relação de trabalho perde aquele sentido por assim dizer domestico e adquire o cunho regidamente sinalagmático de troca de prestações, típico do regime capitalista de produção. Não obstante, a transformação verificada no teor jurídico dessas relações é bastante significativa. Uma nova área de ordenação jurídica emerge da infra estrutura econômica e se alarga rapidamente, abrindo espaço para a implantação de novos direitos que expressam interesses específicos do proletariado urbano em formação. A despeito do seu sentido manifestamente paternalista, essa legislação concorre, exercendo papel altamente pedagógico, para criar uma nova consciência entre os trabalhadores, que ajusta seu comportamento ao novo padrão das relações de trabalho.

Por outro lado, as unidades econômicas, que, na sua quase totalidade, eram de bitola estreita, vão cedendo lugar às empresas de grandes dimensões, que exigem vultosos capitais e forma anônima, e adotam novos métodos de trabalho. Nas atividades econômicas mais importantes, o patrão individual é substituído pelo empregador anônimo, alterando-se profundamente o padrão das relações humanas no setor da produção. É todo uma revolução que se processa em menos de um quarto de século, restrita embora às principais áreas metropolitanas do país. Revolução que sacode também o ordenamento jurídico, impondo-lhe importantes transformações, que se realizam com o objetivo de favorecer a mudança. Na esfera das relações entre empregados e empregadores, a legislação inspira-se no modelo de nações mais adiantadas e, não raro, o excede, para colocar- se na vanguarda, com efeitos muita vez contraproducentes por distorsivos de seus desígnios, segundo observação atilada de um dos nossos sociólogos.

Apesar de tudo, nota-se a existência daquele paralelismo de orientações do direito e da economia, a que se refere SAVATIER[13] manifestado, não sob o aspecto teórico por ele ressaltado, mas no domínio mesmo das aplicações práticas, vale dizer, da política que inspira a adoção e legitima a aplicação das medidas econômicas e dos preceitos jurídicos. A interdependência do econômico e do jurídico tem-se revelado, por força desse paralelismo de orientações, em termos que atestam a sincronização do revisionismo jurídico ao processo de desenvolvimento econômico em vários setores da vida social. Mas, como é fácil de compreender, o atraso do Direito, considerado o ordenamento jurídico em seu conjunto, é, por assim dizer inevitável, dado que a superação do subdesenvolvimento implica o rompimento do quadro e o abandono de valores nos quais e sobre os quais assentam e se inspiram as instituições jurídicas.

26. Torções interpretativas de institutos jurídicos

No processo do desenvolvimento econômico, instituições jurídicas formam-se à margem do direito, incorporando-se ao

13 Les metamorphoses economiques et sociales du Droit Privé d'aujourd'hui, 2ª. serie, p. 96 – Liv. Dalloz. Paris, 1959.

sistema jurídico por força de uma generalização que as configura, afinal, como inequívoco direito costume ira.

A formação desse direito novo resulta, às vezes, do que se poderia chamar *torção interpretativa*, usando-se a expressão que OLIVEIRA VIANA empregou, em outro sentido, para designar a distorção legal em face da inaplicabilidade de certas leis a um meio mais atrasado. No caso, a *torção* deve ser entendida como alteração do sentido e do alcance da lei para atender a finalidades que rigorosamente não poderiam ser alcançadas de acordo com o texto.

Resulta também, de novas formas criadas pelos indivíduos nas suas relações para júrisformisar interesses dignos de tutela, pelo aproveitamento da liberdade de contratar. Através de novos contratos inteiramente atípicos ou formados pela combinação de elementos próprios de dois ou mais contratos típicos, os indivíduos, sem desobediência aos preceitos gerais da legislação, elaboram novas figuras jurídicas, adotam novos critérios de composição dos seus interesses econômicos, realizam, em suma, uma atividade jurígena importante, que concorre significativamente para a renovação do sistema jurídico.[14]

---

14 NA. Esse reclamo do autor foi atendido, em parte, pelo texto de 2002 do Código Civil que dispõe no seu art. 425 (disposição inexistente no texto de 1916) que é lícito às partes estipular contratos atípicos, observadas as normas gerais fixadas no próprio Código, como, por exemplo a de que a vontade declarada obedece a uma *forma* prescrita ou não proibida por lei. Não é temerário afirmar que os *contratos atípicos* prevalecem sobre os *nominados*. A *forma* prescrita pela lei está-se rarefazendo, valendo a alternativa de, não sendo proibida pela lei, a *forma* adotada pelas partes será respeitada (cf. EDVALDO PEREIRA DE BRITO). A teoria do contrato e o contrato com pessoa a declarar no projeto de código civil. Tese apresentada ao concurso para professor titular de Direito Civil da Faculdade de Direito da Universidade de São Paulo. São Paulo. USP. 2001, p. 104.

"*Torções interpretativas*", para adaptação dos preceitos vigentes à nova realidade econômica têm-se realizado, sem que muita vez, a mudança de logo percebida. Apontá-las, uma, em taxativa enumeração, seria difícil, ademais demandaria uma pesquisa desnecessária ao fins deste ensaio. Vale a pena, todavia, breve referência a algumas, para positivar a observação.

27. A nota promissória

A *nota promissória*, que é, dogmática e tecnicamente, uma promessa de pagamento, tem sido desvirtuada na sua função, para substituir freqüentemente as contas assinadas e, outras vezes, servir de garantia singular ao cumprimento de obrigações. A torção, nesta última hipótese, não encontra chancela jurisprudencial, mas ocorre na prática com resultados satisfatórios. É interessante descrever o mecanismo da alteração funcional da nota promissória. Num contrato pelo qual alguém se obriga ao pagamento de quantia desdobrada em prestações, o credor exige que o devedor emita a seu favor tantas promissórias quantas as prestações, do mesmo valor. Uma vez que este já se obrigou contratualmente, a emissão de coincidentes promissórias importa, obviamente, em contrair outra obrigação pela mesma causa. Praticamente, teria que pagar duplamente, se a natureza abstrata da promissória impedisse de modo absoluto a investigação judicial da causa da atribuição patrimonial. Para o credor, a promessa de pagamento expressa no titulo cambiário é uma superfetação, visto que o devedor está comprometido a pagar por força do contrato que celebrou. Qual a razão, pois, dessa exigência? Fazem-na muitos credores com o objetivo de obter reforço para o crédito e aproveitar as facilidades que o título oferece. Pelo menos três justificam o uso do expediente.

A nota promissória é um título de dívida líquido e certo que pode ser cobrado por meio de ação executiva, a qual permite ao credor a penhora inicial de bens do devedor. Em princípio, representa uma dívida cuja causa não deve ser investigada, pelo que elimina discussões longas e, não raro, estéreis a respeito da razão por que o devedor se obrigou. É, finalmente, um título que permite ao credor obter de logo a satisfação do seu interesse, facultado, como está, a transmitir sua titularidade por simples endosso. Em termos práticos, o portador de nota promissória pode efetuar seu desconto num estabelecimento bancário, obtendo, de logo, o numerário que, de outro modo, só conseguiria na data do vencimento da obrigação. Essas vantagens são relativas. Tem-se admitido a investigação da causa da obrigação contraída por meio de nota promissória e seu desconto co-obriga o endossante. A ação executiva perde muito de sua eficiência uma vez permitida a discussão sobre a causa da atribuição patrimonial. Mas a simples possibilidade do protesto da promissória por falta de pagamento constitui, para o credor, uma garantia de que a obrigação será cumprida pontualmente. Assim, a promissória lhe oferece, como simples promessa de pagamento, vantagens maiores que um solene reconhecimento de dívida. É mais segura e facilita o crédito. Tem-se, assim, a impressão que se forma, por esse expediente, um novo direito de garantia firmado na facilidade processual, sem vinculação direta de um bem.

A função da nota promissória é manifestamente distorcida quando empregada para esse fim. Mas, tal distorção tem concorrido para facilitar negócios, particularmente os de venda a prestações, quer de mercadorias, quer de terrenos loteados, ou de apartamentos.

28. A promessa de venda

Outro desvio curioso ocorreu com o *contrato preliminar*, especialmente o de compra e venda. Ao contrário do que se verifica na Europa, o ordenamento jurídico do Brasil contem medidas de proteção ao comprador. A razão de ser dessa singular orientação é a constante valorização dos bens imóveis, que, como se sabe, reforça a p6siçã do vendedor. O aumento contínuo do valor dos imóveis tomou um ritmo galopante com a inflação, mas suas causas não têm esse significado meramente circunstancial. Resulta, sem dúvida, do próprio processo de crescimento do país. Em conseqüência, desenvolveu-se, principalmente nos grandes centros urbanos, um mercado imobiliário de considerável importância, a que se vincula, como observou ASCARELLI, o enorme desenvolvimento da venda de terrenos loteados a prestações, a longo prazo.[15] Leis especiais foram ditadas para disciplinar tais operações, que se realizam sob a forma de *promessa de venda*. A preocupação de proteger o comprador levou o legislador a fazer certas exigências aos que pretendem lotear terrenos para a venda, como WALDEMAR FERREIRA, assinalou incisivamente, e a emprestar a esse contrato preliminar, em conseqüência, uma função e um valor que excedem à sua finalidade prática. A esse contrato preliminar atribuiu-se, mediante a formalidade complementar do registro, a natureza de título aquisitivo de um direito real. Como a valorização dos imóveis é compensadora em face da deterioração da moeda, a compra de lotes de terreno e de apartamentos difundiu-se extraordinariamente, não só

15 Studii di Diritto Comparato e in tema di interpretazione, Milão. Dott A. Giuffré. 1952. p. 91.

para fins especulativos, mas, também, a título de investimento. Importa assinalar, porem, que esse *compromisso de venda* confere ao promitente – comprador tais direitos e vantagens que, praticamente, está substituindo, no mercado imobiliário, o contrato de compra e venda. Chega-se ao extremo de efetuar as chamadas *promessas quitadas de venda* nas quais o promitente comprador cumpre todas as obrigações que teria como adquirente, adiando apenas o recebimento da escritura.

A prática desse contrato preliminar, assim distorcido em sua função, tem sido útil ao próprio desenvolvimento econômico do país, eis que vem facilitando a grande número de pessoas e acesso à propriedade imobiliária e possibilitando a aquisição ou construção de casa própria, com a própria colaboração do poder público através de financiamento concedido para esse fim. Desse modo, conquanto as leis que disciplinam esse pré-contrato sejam tecnicamente imperfeitos, têm concorrido para a disseminação da propriedade imobiliária e contribuído, até certo ponto, para minorar a crise de habitação, crônica num país em que o crescimento das cidades se realiza espantosamente.

29. Desinteresse da doutrina

A procura de terrenos loteados tem provocado, por outro lado, intenso movimento de negócios imobiliários, de que resulta a comercialização das operações para as quais se tem constituído empresas especializadas. Há nisso, também, uma torção. Diante desse comércio, largamente difundido, a noção de que o direito mercantil ocupa-se apenas dos bens móveis sofre, na prática, formal desmentido.

Outras torções como estas, que foram referidas simplesmente como exemplos, poderiam ser registradas. Denotam, sem dúvida, peculiaridades do direito pátrio. Mas, não representam propriamente inovações, a revelarem originalidade de concepção. Antes são adaptações de institutos trazidos do direito estrangeiro, que se incorporam ao processo de desenvolvimento econômico do país como instrumentos mais adequados a favorecê-lo.

Lamentavelmente, a doutrina não tem se interessado por estudo mais aprofundado das peculiaridades do nosso direito, muito presa que ainda se acha à literatura Jurídica da França, da Itália e da Alemanha sem se aperceber, como notou ASCARELLI, que muitas afirmações doutrinárias francesas e italianas adquirem sentido diverso entre nós e que isso é um efeito da peculiaridade da orientação da prática brasileira.[16] De lamentar ainda que, em vez de se preocupar com o estudo dessas particularidades, a maioria se dedique á exposição e discussão de questões largamente debatidas no estrangeiro que tem, porém, uma importância marginal.[17]

---

16 Op. cit. p. 83.

17 Cf. ASCARELLI, Op. cit, p. 85.

CAPÍTULO 4

O Direito em Móra com os Fatos

30. Inadequação da estrutura legal

Nesses anos iniciais da fase nova, aparecem os primeiros sinais da inadequação do direito positivo. A necessidade de reformas faz-se sentir mais ostensivamente no campo das instituições políticas e, portanto, nos domínios do *Direito Público*. Mas é sensível também nos domínios do *Direito Privado*.

Seus institutos estão a reclamar revisão, Seguramente a reforma do direito privado não exige maior profundidade, nem se apresenta com a urgência de um imperativo inadiável. Três razões principais explicam o fato:

1ª o direito privado é menos sensível à influência das transformações econômicas, desde que não atinjam o sistema de produção;

2ª o idealismo utópico do legislador nacional levou-o à elaboração de códigos e leis quase sempre avançadas para o seu tempo;

3ª as disposições legais de direito privado comportam, por um lado, constante atualização pelos tribunais, e, por outro, sendo predominantemente de direito supletivo, permitem que as relações jurídicas se travem na larga faixa da autonomia privada.

Não obstante, já se percebe que o arcabouço jurídico-privado do país não corresponde às novas condições sociais que o desenvolvimento econômico está criando. Desde os primeiros passos, a reforma da legislação começou a preocupar os juristas e os políticos. A bem dizer, inicia-se logo após o movimento de 1930.

A transformação mais importante verifica-se no setor das relações da produção. Com a criação do Ministério do Trabalho, Indústria e Comércio, em 1931, inicia-se um intenso labor legislativo nesse domínio, facilitado, de um lado, pelo regime político que possibilitava a introdução das inovações por simples decretos do Chefe da nação, sem os conhecidos entraves que tornam morosa a ação parlamentar e, do outro, pela ausência de qualquer tradição no movimento operário, então incipiente.[1] Pôde assim o Estado, antecipando-se a reivindicações da classe trabalhadora, organizar em novos moldes as relações entre empregados e empregadores, substituindo à escassa e obsoleta regulamentação do Código Civil.

Mas em outros setores das relações privadas, o Direito atrasou-se. Notadamente nas partes relativas à *organização da família* e ao *direito hereditário* –, nos pontos em que interessam ao processo do desenvolvimento econômico.

31. Organização legal da família

A organização da família revela que seu estatuto jurídico tem aplicação tranqüila quando o tipo correspondente ao es-

1 Cf. ORLANDO GOMES - Direito Privado (Novos Aspectos). Livraria Freitas Bastos S/A . Rio de Janeiro/São Paulo. 1961 p. 253.

tágio do desenvolvimento econômico é sustentado por indiscutíveis concepções religiosas e morais. Desde que se modifica a base sobre a qual se elevam essas formas jurídicas, morais e religiosas, a ação controladora da instituição amortece na medida em que a forma de sua organização se desarticula. É o momento em que o seu estatuto jurídico começa a se revelar inadequado, entrando num processo crítico, assinalado pela redução real do campo no qual exercia sua função conservadora. Como se verá adiante, é nesse setor do Direito Privado que, de modo mais chocante, se manifesta o divórcio entre os fatos e a lei, como conseqüência da mudança social decorrente do processo de desenvolvimento econômico.

O Código Civil foi fortemente influenciado pela concepção patriarcal da família, manifestamente imprópria, como todos reconhecem, para as sociedades em processo de desenvolvimento econômico. Mais chocantes são, por isso, os contrastes entre o estatuto jurídico da família e a mentalidade dominante nas regiões onde o desenvolvimento econômico já atingiu a certo grau. É verdade que no Brasil arcaico, os costumes patriarcais conservam-se, e, até certo, ponto, o Código se antecipou e a legislação complementar avançou consideravelmente. Nessas regiões, e, de resto, no interior do país, predomina ainda o sistema das grandes famílias, persistindo entranhado sentimento familiar que interfere energicamente nas relações individuais e se distende, negativamente, sobre o mundo dos negócios. Não é raro registrar-se, nos centros urbanos das regiões mais atrasadas, a existência de sociedades anônimas cujos acionistas são exclusivamente membros da mesma família, empresas que, sob certos aspectos, podem ser classificadas como feudos econômicos, nos quais a chefia é hereditária. Sem que ao fenômeno se possa atribuir urna generalização completa, não deixa de impressionar o fato tão iterativo do fracasso de empresas prósperas quando passam à direção da segunda geração, ou da terceira. Esse *privatismo doméstico*, de que está embebida nossa legislação[2] é manifestamente incompatível com a mentalidade que se forma quando a sociedade se desenvolve economicamente, até porque se torna um estorvo a esse desenvolvimento, impedindo a mobilidade vertical que o acompanha. A tendência é para diminuir a dimensão da família, com a conseqüente quebra do sentimento familiar no sentido exposto e o próprio afrouxamento dos vínculos do grupo. Verifica-se, realmente, profunda alteração na atitude mental para com a família. No processo de desenvolvimento econômico, a mudança realiza-se através de reações chocantes, que tendem a um exagero sem dúvida passageiro. Novos hábitos introduzem-se, modificam-se as relações entre pais e filhos, afrouxa-se o vinculo matrimonial, manifesta-se maior tolerância para com os filhos extra-matrimoniais[3] e procura-se evitar os inconvenientes dos regimes matrimoniais de comunhão de bens. Reage-se, em suma, contra o estatuto jurídico da família, tal como definido sob a inspiração dos velhos costumes e das concepções arcaicas, passando os interessados ao uso de expedientes destinados a contornar obstáculos antepostos pela lei, como é o caso dos casamentos comerciais ou realizados no estrangeiro, ou mesmo simulado,

2 NA. Cf. ORLANDO GOMES – Raízes históricas e sociológicas, do Código Civil Brasileiro – 2ª ed. Nota Prévia de Edvaldo Brito. São Paulo: Martins Fontes, 2003. NESTOR DUARTE - A ordem privada e a organização política nacional. São Paulo. 1939.

3 NA. Cf. ORLANDO GOMES e NELSON CARNEIRO. Do reconhecimento dos filhos adulterinos. 2ª ed. Rio. Forense, 1957.

que visam a suprir a falta do divórcio "a vincolo", proibido pela Constituição.

Não interessa, porem, examinar todos os aspectos do divórcio entre a lei e a realidade no setor da organização familiar, mas, tão só, os que concernem aos reflexos da organização jurídica tia família sobre o processo do desenvolvimento econômico.

Os mais interessantes aspectos dessa co-relação manifestam-se quanto:

a) à situação jurídica da mulher casada

b) ao regime de bens no casamento

c) ao direito hereditário dos filhos

32. Situação jurídica da mulher casada

A situação jurídica da mulher, isto é, o conjunto de seus direitos e deveres, sua posição, enfim, na ordem social, está definida no Código Civil em termos reconhecidamente anacrônicos. Tão batidas as críticas feitas especialmente ao estatuto jurídico da mulher casada, que desnecessário se torna repeti-las pormenorizadamente. Injusta, no entanto, qualquer censura ao codificador, porque a imagem da sociedade brasileira, no começo de século, não poderia refletir-se no Código de outro modo. Nesse ponto, a evolução deu -se muito rapidamente. Natural, portanto, que o Código se atrasasse aí mais do que em outros pontos. A revolução que se opera na organização da família é, afinal, fruto da emancipação econômica da mulher. Deixando o serviço doméstico para ir trabalhar nas fábricas, nos escritórios, repartições, a mulher libertou-se do jugo econômico que a escravizava ao marido ou pai. Passou, assim, a gozar de uma independência que se não coaduna com o antigo estado de subordinação jurídica. Em conseqüência, adquiriu uma liberdade que choca quantos se acostumaram a vê-la prisioneira do lar, cuidando exclusivamente da casa e dos filhos. Por que vivia nessas condições, a sua inferioridade social, apesar de todas as exaltações do romano, estava juridicamente chancelada, é certo ponto, continua a ser, devido ao atraso do Direito. Como sabido, o Código Civil chegou ao extremo de incluir a mulher casada entre pessoas relativamente incapazes ao lado dos menores dos pródigos e dos selvicolas. Pelo casamento sofria uma serie de limitações na sua capacidade, como, de direito, ainda sofre, tendo, uma posição manifestamente inferior na sociedade conjugal. O policiamento a que está sujeita vai ao extremo de não poder dirigir-se ao estrangeiro sem permissão do marido.

Esse estatuto retrógrado está em parte revogada por leis extravagantes e pelos novos costumes[4]. Reflete, positivamente, o estado de subdesenvolvimento do país na época em que foi ditado e ainda é religiosamente aplicado nas zonas atrasadas do país, como insubstituível padrão de moralidade. Mas a sua inadequação é evidente, A olhos vistos, os fatos, no particular, estão revoltados contra a lei, inclusive no que tange à indissolubilidade do vínculo matrimonial[5].

4 NA. cf. A lei nº4.121, de 27 de agosto de 1962, conhecida como "Estatuto da Mulher Casada", elaborado à luz dos direitos humanos, por isso, pôs fim à desigualdade jurídica que havia entre o homem e a mulher, tornando-a absolutamente capaz de exercer os atos da vida civil. Atende-se à crítica do autor, que antecede ao "Estatuto".

5 NA. O pensamento de Orlando Gomes, a esse respeito, influenciou, em muito, o texto da Constituição de 1988, que determinou, no §5º do seu art. 226, que os "direitos e deveres referentes à sociedade conjugal são exerci-

33. Regime matrimonial de bens

Do ponto de vista do desenvolvimento econômico, o regime legal de bens do matrimônio é passível de reparos. No intuito de amparar a mulher, o Código Civil estatuiu a comunhão universal de bens como o regime matrimonial que se instaura pelo casamento, se não há expressa manifestação de vontade em contrário. Essa idéia de comunhão é obsessiva no legislador, pois até no regime da separação, certos bens passam a ser comuns. Compreende-se essa finalidade da lei numa época em que a mulher não tinha economia própria e levava para a sociedade conjugal apenas o que recebera por herança. Hoje não tem mais sentido, a menos que assim o queiram, de modo expresso,

dos igualmente pelo homem e pela mulher" de modo, inclusive, a positivar aspectos por ele já questionados no âmbito do Direito de Família, assim, sumariados: "aceito o princípio igualitário, impõe-se a admissão de todas as suas consequências, sem o receio, evidentemente infundado, de que a abolição do poder marital, deixando a família sem um chefe com poderes discricionários, acarretará a sua desagregação. Dado que não se confere a qualquer dos cônjuges uma posição hierarquicamente superior à do outro, suprimem-se todas as disposições legais que atribuam ao marido a autoridade compreendida no chamado poder marital, quer na órbita das relações pessoais, quer na esfera das relações patrimoniais. Como corolários naturais do princípio igualitário, a mulher assumirá, pelo casamento, a condição de colaboradora do marido na direção da família (art.140); não precisará da autorização do marido para a prática dos atos que este, sem a sua outorga, pode praticar (art. 141); exercerá, com ele, em conjunto, o pátrio poder (art. 250); concorrerá, qualquer que seja o regime de bens, para o sustento da família (artigo 136); exercerá a profissão de sua livre escolha (art. 139); disporá, livremente, do fruto de seu trabalho (art. 140); escolherá, em deliberação conjunta, o domicílio conjugal (art. 138); colaborará na administração do patrimônio comum (art. 173); poderá administrar os bens dos filhos, sem assim for deliberado pelo casal (art. 256), em suma, terá, na sociedade conjugal, uma situação que a coloca em pé de igualdade com o marido." Cf. Código Civil: Projeto Orlando Gomes. Rio de Janeiro, Forense, 1985, p. 29.

os nubentes, pois tal regime é desvantajoso para a mulher que trabalha, alem de inconveniente em todos os casos de dissolução da sociedade conjugal. A adoção do regime de separação como regime legal poderia ser compensada, instituindo-se a mulher herdeira necessária do marido no mesmo grau dos filhos, tendo direito, pelo menos, ao usufruto de uma parte da herança, se necessário[6].

34. Organização da família e direito hereditário

Por sua estreita vinculação à organização da família, o Direito das Sucessões reflete, nas suas diretrizes, os princípios básicos do Direito familiar, constituindo-se num dos f atores que podem estimular ou descoroçoar o comportamento dos indivíduos em relação ao processo de desenvolvimento econômico. O propósito de fortalecer a família, mantendo seu "status" econômico, pode levar o legislador, por um lado, a estatuir

6 NA. Cf. arts. 1.790 e 1.829, I, do texto de 2002 do Código Civil. O autor inseriu, no seu Projeto de Código Civil, encomendado pelo Governo em 1961, disposições sobre a participação da companheira na sucessão e sobre a concorrência do cônjuge sobrevivente com os descendentes. Tais ideais também serviram de substrato para o novo texto de 2002, que dispõe, em seu art. 1.640, a regra geral o regime da comunhão o parcial de bens. São suas palavras: "A substituição do regime legal impõe-se, não obstante a tradição, pela manifesta superioridade do regime sugerido. Objetivo de reforçar o laço matrimonial, pela formação de um patrimônio comum, alcança-se razoavelmente com o regime da separação relativa, pelo qual os bens adquiridos na constância do casamento ficam sujeitos ao regime da comunhão. Entende-se que a formação desse patrimônio comum resulta do esforço conjunto do marido e da mulher, admitindo-se que, mesmo quando esta não exerce uma atividade profissional, a sua colaboração é decisiva. Nada justifica porém, que se comuniquem os bens que cada qual possui ao casar.". Cf. Código Civil: Projeto Orlando Gomes. Rio de Janeiro, Forense, 1985, p. 36.

restrições à *liberdade de testar* e, por outro, a estender o *direito de herdar* a parentes mais afastados do autor da herança. Esses são dois problemas básicos do Direito Hereditário, cuja solução traduz, de regra, a mentalidade dominante na sociedade, prevalecendo, nas comunidades subdesenvolvidas, disposições que se tornam inadequadas quando o processo do desenvolvimento começa a se positivar em termos inequívocos. A inadequação resulta principalmente do efeito negativo das regras tradicionais sobre o esforço que o desenvolvimento exige dos indivíduos. Para estimulá-lo são necessárias outras disposições legais que abalem o sentimento de segurança oriundo da expectativa de inevitável herança e não permitam a inalienabilidade dos bens hereditandos, que estorva a circulação da riqueza e dificulta a mobilidade vertical.

O Código Civil refletiu, no particular, a concepção patriarcal da família, É certo que em nações desenvolvidas a reserva de uma parte da herança para os descendentes continua a ser uma limitação da liberdade de testar geralmente aceita, o que prova ser falsa a tese de que a instituição de *herdeiros necessários* é desvantajosa para o desenvolvimento. Mas, o exagero na proteção da família, consistente na extensão desmarcada da *legítima* e, especialmente, na possibilidade de clausulá-la, não é medida que convenha a uma sociedade em processo de crescimento econômico.

35. Ordem da vocação hereditária

Onde, porém, o Código refletiu expressiva e fielmente a concepção dominante da família no que tange ao direito das sucessões foi nas disposições concernentes à *ordem da vocação hereditária.*[7] Admitiu, para o fim de chamamento dos herdeiros, a grande família, própria de estágios mais atrasados do desenvolvimento econômico, visto que inclui entre as pessoas sucessíveis os *colaterais até o sexto grau.* É verdade que a limitação a esse grau representa uma conquista em relação ao direito anterior que, para o mesmo fim, considerava integrantes da família os parentes dessa linha até o *décimo grau.* Uma lei alterou, muitos anos depois, a disposição do Código, restringindo a família, para. efeitos sucessórios, aos colaterais até o *terceiro grau.* Mas foi revogada, vigorando, no momento, a regra de que são sucessíveis os parentes da linha transversal até o quarto grau,[8] a serem chamados na conformidade da regra segundo a qual os parentes mais próximos excluem os mais remotos. Ainda assim, é de se compreender que a extensão da família a tais parentes distantes não se justifica nas sociedades economicamente adiantadas, nas quais se estreita o círculo f aluar e desaparece aquele sentimento que for- a tradição da grande família. Contudo, a dimensão da família aceita pela legislação em vigor para a vocação hereditária não pode ser apontada como uma diretriz jurídica que embarace o processo do desenvolvimento econômico, embora seja manifesta a sua inadequação às sociedades que estão se desenvolvendo.

7 Arts, 1603 a 1619. NA. cf. arts.1.829 e segs. do texto de 2002 do Código Civil.

8 Decreto-lei 9.461, de 15/7/46. NA. o art. 1.839 do texto de 2002 do Código Civil manteve a regra de que os parentes até o quarto grau serão chamados à sucessão dos colaterais, caso não haja cônjuge sobrevivente.

36. Direito a alimentos

Já quanto ao *direito a alimentos* o legislador não admitiu esse amplo conceito da família. Esse direito é recíproco entre pais e filhos e extensivo a todos os ascendentes[9] *na falta destes,* cabe a obrigação aos descendentes, e, faltando estes, aos irmãos, assim germanos como unilaterais.[10] Para os efeitos da prestação de alimentos, pois, o círculo familiar não vai além dos parentes colaterais de segundo grau.

37. Cláusula de inalienabilidade

Outro ponto onde o legislador mostrou- se aferrado à concepção patriarcal da família, desprezando as vantagens do regime de livre circulação da riqueza, foi na permissão para onerar os bens com a *cláusula de inalienabilidade. No artigo 1.723 do Código Civil* facultou ao testador prescrever a *incomunicabilidade* dos bens da *legitima* e estabelecer-lhes condições de *inalienabilidade* temporária, ou vitalícia[11]. Ora, se na parte de que não pode dispor, porque de pleno direito pertence aos descendentes, e, em sua falta, aos ascendentes, ao testador é facultado impor tão severa limitação ao poder de disposição dos bens, com maior razão permitido lhe é determinar a inalienabilidade dos bens disponíveis para os herdeiros ou legatários que instituir. Desse modo, qualquer pessoa está autorizada a prender todos os bens que possui, impedindo a sua circulação até a

9 Art. 397 do Código Civil. NA. Cf. art. 1.696 do texto de 2002 do Código Civil

10 Art. 398 do Código Civil. NA. Cf. art. 1.697 do texto de 2002 do Código Civil

11 NA. Cf. a correspondência parcial no art. 1.848 do texto de 2002 do Código Civil.

morte de quem honrou por testamento. Tanto mais enérgica é tal limitação quanto o Código, no *art 1676*, declara que a cláusula de i*nalienabilidade* não pode ser invalidada ou dispensada por atos judiciais de qualquer espécie, sob pena de nulidade[12]. É verdade que se tem permitido a transferência do ônus para outros bens, por efeito de subrogação. Não obstante, persistem os efeitos da indisponibilidade por o que sofre a mesma restrição o bem sobre o qual a cláusula passa a incidir.

Contra essa limitação têm-se levantado as altas vozes. JOSSERAND pondera que uma sociedade na qual os bens permanecem paralisados e se acumulam perpetuamente no seio dos mesmos patrimoniais seria uma sociedade inerte paralítica e exposta aos piores perigos.[13] Permitir que o proprietário de um bem, por ato unilateral de sua vontade, impeça que seus herdeiros ou legatários o alienem e, ademais, possam subtraí-lo à ação dos credores, pela *clausula de impenhorabilidade*, é realmente legitimar uma atitude inconveniente aos interesses de uma sociedade em processo de desenvolvimento. O princípio da propriedade livremente transmissível constitui, seguramente, como diz VENIAMIN, o "pivot" de nossa economia. A estagnação dos bens é própria da fase do desenvolvimento econômico em que a produção se limita ao círculo familiar. Nessa economia, a imobilidade da propriedade constitui a regra. Desde, porém, que a atividade econômica começa a romper o estreito círculo doméstico, a circulação dos bens passa a ser uma condição corriqueira na vida econômica dos povos.

12 NA. Cf. a correspondência parcial no art. 1.911 do texto de 2002 do Código Civil.

13 Los moviles en los actos jurídicos de derecho privado, p. 238.

Todos os entraves à circulação dos bens se vão eliminando. A faculdade de dispor das riquezas que estão sob propriedade privada, trocando-as por outras ou por serviços, passa a ser uma condição essencial ao incremento do esforço produtivo. Quaisquer limitações reputam-se inconvenientes, mesmo as que circunscrevem a permissão da inalienabilidade aos atos gratuitos "*mortis causa*"

A *cláusula de inalienabilidade* não precisa ser completamente extirpada de nossa legislação. Uma vez que seu uso seja permitido em condições excecionais, justificadamente e para vigorar por pouco tempo, limitada a certos bens, pode ser admitida sem desvantagem. Mas o direito pátrio exagerou-se na permissão ao admitir uma inalienabilidade absoluta e ao tolerar que os bens da *legitima* sejam assim gravados, em contradição com a regra do *artigo 1721* que declara serem eles, de pleno direito, dos *herdeiros necessários.*[14]

Do ponto de vista social, a paralisação da propriedade por efeito da cláusula de inalienabilidade não se ajusta à conveniência de que as riquezas devem ser movimentadas pelos mais capazes. Não raro, os que recebem a herança inalienável carecem da necessária aptidão para o exercício da atividade produtiva ou são tentados a conservá-la por suficiente às suas necessidades, refreando o espírito de iniciativa. Os efeitos da inalienabilidade são mais perniciosos quando a restrição incide sobre certos bens afetados a empreendimentos econômicos. Ordinariamente a impossibilidade de dispor dos bens constitui-se num terrível obstáculo ao desenvolvimento da

14 NA. Cf. a correspondência parcial no art. 1.846 do texto de 2002 do Código Civil.

empresa. Acarretando a *impenhorabilidade*, restringe desastrosamente o crédito, o que é suficiente para atestar a sua inconveniência, especialmente numa sociedade em processo do desenvolvimento econômico.[15]

38. Fideicomisso

O propósito de conservar o acervo hereditário no patrimônio dos herdeiros para dar sentido de continuidade à família através de gerações sucessivas, foi expresso inequivocamente nas disposições do Código Civil permissivas da *substituição fideicomissária*.[16]

São restrições enérgicas à livre circulação da riqueza, manifestamente inconvenientes a uma economia em expansão.

---

15 Tal entendimento foi absorvido pelo texto de 2002 do Código Civil, em cujo art. 1.848 estabelece que "salvo se houver justa causa, declarada no testamento, não pode o testador estabelecer cláusula de inalienabilidade, impenhorabilidade, e de incomunicabilidade, sobre os bens da legítima." Esta mesma posição já havia sido premeditada por Orlando Gomes, em 1963, no seu projeto de Código Civil, com a justificativa de que a "legítima deve passar aos herdeiros necessários livre de quaisquer restrições ou encargos" (cf. Projeto Orlando Gomes. Rio de Janeiro, Forense, 1985, pg. 85). Os exageros, a que este livro refere-se, também, foram reformulados no texto de 2002 do Código Civil, ao dispor, no §2º do seu art. 1.848, que "mediante autorização judicial e havendo justa causa, podem ser alienados os bens gravados, convertendo-se o produto em outros bens, que ficarão sub-rogados nos ônus dos primeiros.". Enfim, o art.791 do Projeto Orlando Gomes estabeleceu que "a legítima não pode ser clausulada de inalienabilidade, ou sujeita a quaisquer encargos ou condições restritivas, inclusive a conversão em outras espécies dos bens que a constituíam", ressalvando, no parágrafo único, que a sua incomunicabilidade poderia ser facultada ao autor da herança.

16 Arts. 1733 a 1739. NA. Cf. arts. 1.951 e segs. do texto de 2002 do Código Civil.

Pelo *fideicomisso*, os herdeiros imediatos investem-se apenas na *propriedade resolúvel* dos bens que lhe são deixados, bens que deve conservar para transmitir, com o advento de certo termo ou o implemento de determinada condição, a herdeiros nomeados pelo testador. Trata-se de um processo pelo qual a libertação dos bens só se dá na terceira geração, O *herdeiro fiduciário* não dispõe praticamente dos bens que lhe são deixados, visto que é um proprietário temporário. Conquanto seja possível a alienação desses bens, na prática torna-se inviável pelo desinteresse de qualquer pessoa em adquirir um bem cuja propriedade, uma vez resolvida, há de passar ao fideicomissário, isto é ao herdeiro que deve substituir o fiduciário.

A substituição fideicomissária é modernamente condenada, por atentatória ao princípio da livre circulação da riqueza. Pode-se apontar a mesma inconveniência, apesar da inalienabilidade relativa, que apresenta a cláusula de inalienabilidade. E, sobre isso, a de possibilitar a guarda de um bem para pessoa por existir. A propriedade restrita atribuída ao fiduciário economicamente desinteressante. Enfim, a instituição é incompatível com a mobilidade da propriedade, tão necessária á circulação da riqueza.

CAPITULO 5

O Direito em Dia com o Desenvolvimento

39. O direito de propriedade na Constituição

O conceito moderno de propriedade foi assinalado pelo legislador constituinte no condicionar o uso desse direito ao bem estar social autorizar o legislador ordinário a ditar normas para a justa distribuição da propriedade, com igual oportunidade para todos. Trata-se, pelo visto, de um preceito que, na sua primeira parte, fixa uma diretriz, que tanto pode ser seguida pela lei ordinária na regulamentação do uso da propriedade, como pela jurisprudência na interpretação dos textos vigentes. Tudo indica que o legislador constituinte aceitou, em princípio, a concepção positivista da propriedade como função social, desenvolvida e vulgarizada por DUGUIT[1]e as idéias dominantes a

1 Essa concepção foi exposta notadamente "in" "Les transformations generales du Droit Privé. Sôbre a transformação conceitual do direito de propriedade. NA. A obra de DUGUIT está vertida para o espanhol, desde 1975 por Adolfo Posada e Ramón Jaén – "Las transformaciones del derecho (público y privado)" Buenos Aires. Editorial Heliasta S.R.L. Cf. MORIM: "Le sens de l'evolution contemporaine du droit de proprieté "in" Le droit privé français au milieu du siécle vol. II p. 3. Cf. ORLANDO GOMES = Significado da evolução contemporânea do Direito de Propriedade "in" A crise do Direito, São Paulo. Max Limonad Editor de Livros de Direito, São Paulo. 1955, pp. 146 e segs.. E

respeito da normalidade do exercício dos direitos, condensadas na condenação ao *abuso de direito*.[2] Mas, o limite de ordem geral imposto ao exercício do direito de propriedade é manifestamente vago, prestando-se a interpretações que poderiam levar até à própria negação desse direito individual.

No entanto, o direito de propriedade foi garantido na Constituição, devendo-se interpretar a disposição que manda condicionar seu uso ao bem estar social no sentido de que, no seu exercício, o interesse particular não deve sobrepor-se ao geral, ou ao de maior numero. Essa interpretação não deve ser levada ao ponto de anular o estímulo que o direito de propriedade privada dá à formação de capital, que é uma das condições do desenvolvimento econômico.

Não importa essencialmente uma delimitação precisa da subordinação do uso da propriedade, mas, apenas, no que interessa, admitir, como parece irrecusável, que o preceito constitucional tem suficiente fluidez para permitir que o legislador ordinário regule o exercício do direito de propriedade em termos que correspondam à tendência atual para limitá-lo na medida em que o exija o interesse social, sem esmagar suas virtualidades psicológicas. Sob esse aspecto, teor maleável do texto é vantajoso, sendo preferível a urna disposição rígida, difícil, senão impossível, de ser formulada.

Código civil: projeto Orlando Gomes. Rio de Janeiro: Ed. Forense, 1985, pp. 44 e segs. Cf. para conhecimento da disposição constitucional, no seu elemento histórico, JOSÉ DUARTE – A Constituição brasileira de 1946.

2 Cf. JOSSERAND: Do l'esprit des droits et de leur relativité; theorie dite de l'Abus des Droits", Paris, 1939; Evolutions et actunlités; conferences de Droit Civil, Paris, 1936; Los moviles en los actos juridicos de Derecho Privado, México 1946.

40. Intervenção do Estado no domínio econômico

Onde, porém, a Constituição incorporou mais concretamente o sentido da evolução contemporânea do direito de propriedade, atacando-o nas suas virtualidades econômicas, políticas e sociais, foi nos *artigos 146*[3] e *148*.[4] Pelo primeiro, autorizou a União a, mediante lei especial, intervir no domínio e monopolizar determinada indústria ou atividade, com fundamento no interesse publico e sem sacrifício dos direitos fundamentais do cidadão. Pelo segundo, cometeu à lei a função repressora de toda e qualquer forma de abuso do poder econômico.

A intervenção no domínio econômico, cercada embora de cautelas e delimitada pela própria Constituição, constitui enérgica e ampla afirmação do poderio do Estado, admitido, como foi, que se torne empresário em regime de monopólio para satisfazer o que aos governantes pareça ser o interesse público. Contudo, a despeito de tal disposição constitucional ser uma norma que, no seu espírito como na sua aplicação, pode ser tida ou formulada em termos que se oponham à estrutura econômica do país, situa-se na linha do pensamento dominante quanto à ação do Estado no processo do desenvolvimento do país.

3 Art 146 - A União poderá, mediante lei especial, intervir no domínio econômico e monopolizar determinada indústria ou atividade. A intervenção terá por base o interesse público e por limite os direitos fundamentais assegurados nesta Constituição.

4 Art 148 - A lei reprimirá toda e qualquer forma de abuso do poder econômico, inclusive as uniões ou agrupamentos de empresas individuais ou sociais, seja qual for a sua natureza, que tenham por fim dominar os mercados nacionais, eliminar a concorrência e aumentar arbitrariamente os lucros.

A repressão ao abuso de poder econômico ordenada ao legislador ordinário parece ter o mesmo significado. O estado incipiente do nosso desenvolvimento econômico, vale dizer, a estrutura que estamos construindo, não favorece ainda, senão em pequena escala, a formação de grupos econômicos ou agrupamentos de empresas que se unam com o objetivo de dominar os mercados nacionais ou eliminar a concorrência. Tais manobras demandam um pátio de ação que a economia do país não construiu ainda. Não obstante, o temor de que venham a ser feitas prematuramente, sobretudo sob a influência do capital estrangeiro militante, tem preocupado o legislador ordinário, que se apresta para ditar a lei destinada à repressão do abuso de poder econômico, até certo ponto já estatuída legalmente no diploma que regula a intervenção do Estado no domínio econômico.Quer-se evitar, em suma, que os males mais ostensivos do desenvolvimento capitalista se repitam no país, impedindo-se que entre nós se cometam erros praticados alhures. Pretende-se corrigir juridicamente abusos que alguns consideram inevitáveis no desenvolvimento do regime capitalista. De qualquer sorte, a política de repressão ao abuso de poder econômico corresponde à tendência de assegurar ao Estado o comando do desenvolvimento econômico, não permitindo que a liberdade de associação seja usada para retardá-la ou desviá-la.

41. Desapropriação por interesse social

A preeminência do interesse coletivo manifesta-se sob forma interessante no preceito constitucional que permite a *desapropriação* por *interesse social*.[5] Tradicionalmente, o exercício

5 Art. 141, § 16. NA. Cf. art. 5º, XXII, XXIV e XXV da Constituição de 1988.

de poder de expropriar condicionava-se à existência de motivos de *necessidade* ou *utilidade pública*. A lei[6], que é anterior à Constituição, não conceituava a *utilidade pública*, mas também não deixou ao arbítrio do Juiz a verificação de sua ocorrência. O legislador preferiu discriminar os casos de utilidade publica.[7] Orientou-se, para essa enunciação, concepção segundo a qual certos interesses de ordem social devem ser compreendidos entre os motivos de utilidade pública. Até a proteção de paisagens e locais particularmente dotados pela natureza foi considerada justa causa para a desapropriação. Mas não se chegou então ao extremo de legitimar-se a expropriação por interesse social indefinido. Admitiu a Constituição, possibilitando ao Estado exercer seu poder expropriatório praticamente sem limite, pois a expressão *interesse social* é bastante elástica para atingir os mais diversos propósitos de expropriação. Até em proveito de interesses particulares se justificará a desapropriação, desde que, da mesma, possa resultar um benefício para a população de determinada localidade. A expropriação de terras para o fim de distribuição encontra apoio nesse preceito constitucional, uma vez que pode ser considerada de *interesse social*. Enfim, com essa ampliação do fundamento da desapropriação abre-se o caminho para sujeitar-se o direito de propriedade ao suplício da espada de Dámocles. Não se veja nessa disposição constitucional, contudo, qualquer propósito socializante. Ao assegurar ao Estado tão amplo poder sobre a propriedade particular, a Constituição teve por finalidade armá-lo para que possa enfrentar situações que criariam dificuldades a sua política

6 Decreto-lei nº 3.365 de 21 de junho de 1941.

7 Art. 5º.

econômica ou assistencial, caso prevalecessem as limitações clássicas ao poder de expropriar.

42. Usucapião rural

A política de fixação do homem à terra, necessária para conter o êxodo rural acelerado em razão de conhecidos fatores ligados ao processo do desenvolvimento econômico, foi traçada na Constituição[8] através de preceitos que visam a proteger o trabalho ao lhe reconhecer legitimidade para a aquisição da propriedade. Declara, com efeito, a Constituição[9] que "todo aquele que, não sendo proprietário rural nem urbano, ocupar, por dez anos ininterruptos, sem oposição nem reconhecimento de domínio alheio, trecho de terra superior a vinte e cinco hectares, tornando-o produtivo por seu trabalho e tendo nele sua morada, adquirir-lhe-á a propriedade, mediante sentença declaratória devidamente transcrita. Trata-se de modalidade "sui generis" da *usucapião*, que tem por fim facilitar a aquisição da propriedade fundiária, de importância evidente num país de grande extensão territorial e muita terra inculta. Interessante ressaltar o significado da disposição constitucional que instituiu esse usucapião especial. Acena-se ao homem do campo a expectativa de se tornar proprietário de um trecho de terra, desde que o torne produtivo por seu trabalho, recompensando-lhe, por esse modo, o esforço para cultivar o solo. Pretende-se estimulá-lo com esse prêmio, facilitando-se, ademais, a disseminação da pequena propriedade. Mas, ao mesmo tempo, exi-

8 Art. 156. NA. Cf. arts. 184 e segs. da Constituição de 1988.

9 Art. 156, § 3°. NA. Cf. art.191 da Constituição de 1988.

ge-se que tenha sua morada na própria terra que lavra. Embora a faculdade de usucapir pelo trabalho esteja sujeita a limitações que reduzem praticamente seu exercício a terras totalmente desinteressantes para seus donos, não há dúvida de que o preceito constitucional traduz um propósito de favorecer a atividade agrícola e desenvolver o processo de parcelamento da terra, por menor que seja a sua contribuição para que tal finalidade seja alcançada.

No propósito ainda de valorizar o trabalho do homem do campo, a Constituição manda que os Estados assegurem aos posseiros de terras devolutas, que nelas tenham sua morada, preferência para aquisição até vinte e cinco hectares[10].

Com o objetivo ainda de impedir a formação da grande propriedade, a Constituição proíbe a alienação ou concessão de terras públicas com área superior a dez mil hectares.[11] É medida que, embora restrita à alienação de terras públicas, implica o reconhecimento da inconveniência da grande propriedade.

43. Regime das minas

É compreensível que o Código Civil tenha assumido uma posição favorável ao proprietário do solo na questão do direito às jazidas. A estrutura socioeconômica do país aquela época não permitia outra. Não se esboçara ainda o quadro que viria determinar radical modificação na política de aproveitamento da riqueza mineral do subsolo. Natural, portanto, que estatuísse, no *art. 526*: a propriedade do solo abrange a do que lhe está superior

10 Art. 156, §1º. NA. O dispositivo não se repetiu na Constituição de 1988.

11 Art. 156, § 2.º. NA. Cf. art.188, §§1º e 2º.

e inferior em toda altura e profundidade, úteis ao seu exercício, não podendo, todavia, o proprietário pôr-se a trabalhos que sejam empreendidos a ma altura ou profundidade tais que não tenha ele interesse algum em empecilhos[12]. Vigorava, assim, o chamado *regime fundiário*, pelo as substâncias minerais ou fosseis existentes no interior da terra eram parte integrante solo, pertencendo, por conseguinte dono deste, que tinha, em conseqüência, o direito exclusivo de explorá-las economicamente.

Mas, em 1934, essa política foi alterada radicalmente, pela substituição do principio consagrado no Código Civil. Por decreto do então Governo provisório, de n.° 24.642, de 10 de julho de 1934 (Código de Minas), baixado pouco tempo antes de ser promulgada a Constituição, a propriedade das jazidas e minas que não houvessem sido *manifestadas* ao Governo foi atribuída à União. A Constituição adotou essa orientação, revogando, portanto, inequivocamente, a disposição do Código Civil. As jazidas passaram a ser bens patrimoniais da União.

Tecnicamente, a revolução se operou por uma dissociação. Conforme viria a declarar incisivamente o decreto-lei n.° 1985, de 29 de janeiro de 1940, a jazida passou a ser bem distinto e não integrante do solo.[13]

Na vigência plena desse diploma legal, tais bens integravam-se no domínio da União, isto é, da pessoa jurídica *federal* de direito público.[14] Mas a Constituição de 1946, conquanto houvesse mantido o princípio da dissociação, estatuindo, no

12 NA. Cf. arts. 1.229 e 1.230 do texto de 2002, do Código Civil.

13 Art. 4º.

14 Art. 7º.

art. 152[15], que as minas e demais riquezas do subsolo constituem propriedade distinta da do solo para o efeito de aproveitamento ou exploração industrial, não reproduziu o preceito do Código de Minas, que a atribuía à União. Deixaram, portanto, de integrar o patrimônio da União. Não são mais bens patrimoniais dessa pessoa jurídica de direito público. Mas também não pertencem nos particulares, donos do solo. Constituem hoje bens públicos, que, todavia, não se acham enquadrados na categoria dos *bens dominiais*. Seu aproveitamento por particulares, seja ou não o proprietário do solo, depende de autorização ou concessão do Governo federal. Ao dono do solo em cujo ventre se encontra a riqueza mineral, a Constituição assegurou o *direito de preferência* para explorá-la industrialmente, Mas quem não tenha a propriedade da superfície pode 1egitimar-se ao aproveitamento da jazida, uma vez autorizado a empreender os trabalhos necessários para descobri-la, esse *direito de pesquisar* as jazidas é um pressuposto do direito de lavrá-la. Jazida pesquisada terá à exploração da mina, mediante concessão do Governo Federal.

O regime atual difere radicalmente do que fora consagrado no Código Civil. Atende efetivamente ao propósito de estimular o aproveitamento dessas riquezas, que exige, em regra, grandes investimentos proibitivos ordinariamente para os proprietários da terra. Ademais, a dissociação corresponde à tendência atual para subtrair do regime de propriedade privada os bens de maior importância para a vida econômica da comunidade. E, assim, por meio de uma lei extravagante, a princípio, e, em seguida, por força de disposições constitucionais, a questão da

15 NA. Esse dispositivo corresponde ao Art. 176 da Constituição de 1988.

propriedade minerária encontrou solução jurídica que favorece o desenvolvimento econômico do país.

44. Exploração do petróleo. Energia atômica

Essa tendência acentuou-se com o tratamento jurídico dispensado à exploração de certas riquezas do subsolo, notadamente o *petróleo*. Em razão de sua vital importância para a economia do país e do progresso das idéias nacionalistas, a exploração dessa riqueza passou a constituir *monopólio estatal*.[16] A pesquisa e lavra das jazidas de petróleo e outros hidrocarbonetos fluidos ou gases raros, bem como o refino do petróleo, nacional ou estrangeiro, e o transporte de óleo, constituem atividade privativa da União, que a exerce, como se sabe, através da empresa conhecida pela sigla *Petrobrás*. Não que a exploração do petróleo pelo Estado seja condição essencial ao desenvolvimento econômico do país. Notoriamente o aproveitamento industrial dessa riqueza é um fator do grande significação para a economia de uma nação mas sua influência no desenvolvimento econômico do país que a possui não esta necessariamente condicionada ao fato de constituir monopólio do Estado. Contudo, o regime instituído entre nós pela lei n.° 2. 004 ajusta-se perfeitamente aos interesses do nosso esforço para superar o atraso econômico e enquadra-se na tendência que revela a política de superação desse atraso, voltada, como visto, para atribuir ao Estado o comando das atividades econômicas nos setores básicos. Acredita-se que adoção do principio da livre-empresa na exploração do pe-

16 Lei 2.004, de 3 de outubro de 1953.

tróleo não teria permitido o seu aproveitamento em termos favoráveis ao desenvolvimento do país pelo modo mais interessante à sua emancipação econômica.

Essa preocupação política, que também se inspira em razões de segurança nacional, manifestou-se, ainda, em relação às atividades necessárias ao aproveitamento da energia atômica. No propósito de resguardar os interesses nacionais e submeter ao controle do Estado o emprego dos bens utilizados na produção dessa energia, que terá, em futuro próximo, larga aplicação na indústria, a lei subordinou a política geral da energia atômica, em todas as suas fases e aspectos, à privativa orientação da mais alta autoridade da nação. Sem prejuízo da liberdade de pesquisa tecnológica e científica, submeteu ao controle do Estado todas as atividades concernentes ao aproveitamento da energia atômica.[17] O *decreto n.° 30.230*, de 1º de dezembro de 1951, regulamentou a pesquisa e lavra de minerais de interesse para a produção dessa energia, declarando que as jazidas e minas constituem reservas nacionais, e atribuindo ao Estado o direito de pesquisar tais jazidas.

Acompanha o direito pátrio no particular a orientação que vem sendo adotada em outras legislações no sentido de reservar para o Estado o monopólio da produção de energia atômica. Como, entretanto, o país ainda não a produz, mesmo para fins militares, a regulamentação jurídica visa precipuamente, por enquanto, as matérias-primas das quais se retira essa energia.

17 Lei n.° 1310 de 1951.

O que, porem, importa é o registro de que o Direito, entre nós, tem se colocado em posição favorável ao esforço do desenvolvimento relacionado com o aproveitamento das várias formas de energia. Assinale-se que a tendência para subordiná-lo aos interesses nacionais joga no campo do Direito Publico a disciplina jurídica dessas forças, acentuando-se o propósito de nacionalização de sua propriedade consonante à orientação que vem tomando, entre nós, a política do desenvolvimento nacional.

45. Regime das águas

A mesma tendência para sobrepor o interesse coletivo ao particular manifestou-se, entre nós, em relação à propriedade das águas. A política de incremento à industrialização e de fomento à navegação, numa palavra de aproveitamento das águas, determinou a adoção de um regime jurídico de águas organizado para conciliar interesses particulares de proprietários com os de outros indivíduos, os da população e os do próprio Estado. Esse regime corresponde à orientação seguida em paises mais adiantados, que o adotaram pelo reconhecimento da importância que as águas têm para o desenvolvimento econômico em vista da utilidade de seu emprego, multiplicado modernamente pelo progresso da técnica. No que toca a seu aproveitamento para estimular a produtividade, a contribuição do Direito realiza-se através de normas relativas às *quedas d'água*, pela importância que têm na produção da *energia elétrica*.

O *Código Civil* não enfrentou o problema à luz desses interesses. Limitou-se a incluir os *rios* entre os bens de *uso comum*[18] e a regular direitos e obrigações concernentes a águas nas *relações de vizinhança.*[19] A questão da propriedade das águas começou a despertar interesses depois de 1930, quando, pois, se iniciava o surto de desenvolvimento do país, que viria determinar, no particular, profunda alteração ao regime jurídico desse bem, Verificou- se esta, com efeito, em 1934, com a decretação do *Código de* Águas[20], que levou o problema da propriedade das águas para o campo do Direito Público, oferecendo as soluções necessárias à satisfação dos novos interesses em formação. A Constituição de 1934 reafirmou[21] a orientação política consagrada no *Código de* Águas. A Constituição em vigor ratificou-a[22].

Pelo regime de águas adotado, foi mantida a classificação que compreende as águas *públicas*, as águas *comuns* e as *aguas particulares*. Mas, a tendência publicística prevaleceu em face de conceituação mais larga das águas *públicas*. Subdividem-se em águas de uso comum e águas *patrimoniais*. As primeiras, constituídas pelos mares territoriais, baias, golfos, portos, correntes, canais, lagos, fontes, reservatórios, nascentes, não são

18 Art. 66, nº I. NA. Cf. art. 99, I do texto de 2002 do Código Civil.

19 Arts. 563 a 566. NA. Cf. arts. 1.288 a 1.296 do texto de 2002 do Código Civil.

20 Decreto n° 24. 643, de 10 de julho de 1934. NA Este decreto, ainda, está em vigor, editado pelo Governo Provisório, com força de lei, usando as atribuições conferidas pelo art. 1º do Decreto nº 19.398, de 11 de novembro de 1930, que dispunha: Art. 1º O Governo Provisório exercerá discricionariamente, em toda sua plenitude, as funções e atribuições, não só do Poder Executivo, como também do Poder Legislativo, até que, eleita a Assembleia Constituinte, estabeleça esta a reorganização constitucional do país.

21 Cf. art. 5º, XIX, j.

22 Cf. art. 5º, XV, l da Constituição de 1946 e o art. 22, IV, da Constituição de 1988.

propriamente objeto de domínio do Estado no sentido de um direito real exclusivo sobre bem disponível. Destinam-se ao uso de todos. A sua qualificação significa que não podem ser propriedade privada de ninguém. Qualquer pessoa tem o direito de aproveitá-las, mas o uso de tais águas pode estar condicionado ao pagamento de certa retribuição, embora seja ordinariamente gratuito.

O Estado, no entanto, é verdadeiro proprietário, no sentido privatístico da palavra, das águas que se encontram em terras de seu domínio.

Por força do regime federativo, as águas *públicas* distribuem-se entre as três pessoas de direito público, pertencendo à União as que estão situadas nos territórios federais, nas fronteiras e nas divisas entre Estados, bem como as que percorrem território de mais de um destes, aos Estados, as que se encontram nos limites entre Municípios ou atravessam duas ou mais dessas unidades, e, finalmente, aos Municípios, os que se localizam nos seus limites territoriais. É interessante assinalar que as águas pertencentes aos Estados ou Municípios podem ser objeto de servidão concedida ao Governo Federal para aproveitamento industrial, produção de energia elétrica e navegação.

O aproveitamento das águas *públicas* pode ser feito por particulares, mediante autorização ou concessão.

46. Quedas d'água

Importa registrar, sobretudo, o regime a que estão sujeitas as *quedas d'água*. Constituem bens imóveis, que não se integram na propriedade do solo. O *Código de Águas* declarara que a propriedade superficial não abrange a água, o álveo do curso no trecho em que se acha *queda d'água*, nem a respectiva energia hidráulica, para o efeito do seu aproveitamento industrial.[23] A Constituição declara que as *quedas d'água* são propriedade distinta da do solo.[24] Não obstante, a lei confere preferência ao superficiário para a sua exploração. Há de se dar, contudo, através de concessão, ou de simples autorização. Direitos e obrigações dos concessionários acham-se discriminados na lei.

Em suma, o aproveitamento das forças hidráulicas e a indústria hidroelétrica foram disciplinados sob critérios que atualizaram o Direito, pela incorporação de "comandos jurídicos" favoráveis ao desenvolvimento do país (v. decreto n.° 41.019, de 26-2-57, ainda, em vigor), que regulamenta os serviços de energia elétrica.

47. Fragmentação da propriedade rural

Imbuído de sentido progressista, o Código Civil incorporou preceitos favoráveis ao desenvolvimento econômico, notadamente nas partes relativas à organização da agricultura e do direito hereditário.

Evidentemente, as disposições concernentes à disciplina da utilização da terra não afetaram a estrutura social do país, nem enfrentaram o problema político da *reforma agrária*, particularmente no que entende com o tamanho da propriedade rural. Nem seria viável, à época em que o Código foi promulgado, a adoção de medidas tendentes à fragmentação do lati-

23 Art. 145. (55) - Art. 152.

24 Art. 152. NA. Cf. art. 176 da Constituição de 1988.

fúndio em pequenas propriedades. Ademais, reforma desse porte não se faz em um Código Civil, visto que possui caráter eminentemente político. Contudo, a tendência para a fragmentação manifestou-se moderadamente através de prescrições legais que concorrem para a divisão da propriedade territorial. A mais importante é, sem dúvida, a que confirmou o sistema da divisão hereditária. O legislador repeliu o regime do morgadio, pelo qual a propriedade da terra passa "mortis causa" ao filho primogênito. Por esse regime, as grandes propriedades conservam-se intactas, de geração a geração. Por morte do proprietário, a terra não é dividida entre seus herdeiros, mas, antes, se mantém indivisível no domínio e posse de um deles, – o filho mais velho. A morte do proprietário não acarreta a fragmentação da propriedade. Desde que o parcelamento da propriedade rural se apresenta, conforme a experiência histórica ensina, como um fator favorável ao desenvolvimento, especialmente pela ampliação do mercado interno indispensável à expansão industrial, a manutenção, pelo Código Civil, do regime da divisão hereditária obrigatória, constitui um fator jurídico de ajuda ao desenvolvimento econômico, a despeito dos inconvenientes que esse parcelamento oferece quando atinge a certo grau.

Evidentemente, a concentração da propriedade rural não se verifica tão só com o regime da primogenitura. Nada impede que os herdeiros do proprietário conservem-na em estado de *indivisão*, prolongando no tempo o latifúndio. Nesse caso, a grande propriedade mantém-se em poder do grupo familiar. Mas esse regime de *condomínio* é manifestamente inconveniente. O legislador, fiel ao seu propósito fragmentista, prescreveu que nenhum *condomínio* pode subsistir por mais de cinco anos[25]. Isso não significa que após o decurso desse prazo todo condomínio deve necessariamente extinguir-se. Se os condôminos desejam conservar o bem em estado *indivisão*, podem acordá-lo por mais cinco anos. Mas a proibição do condomínio perpetuo, ou de longa duração, traduz a tendência para a partição da propriedade, visto que decorrido o prazo da *indivisão* convencionada, cada condomínio recupera o poder de exigir a divisão da coisa comum. Como se vê, o Código Civil favorece a fragmentação da propriedade possibilitando-a mesmo quando a conveniência do estado de *indivisão* se apresenta com a morte do proprietário.

25 NA. Cf. art. 1.320 do texto de 2002 do Código Civil e o §2º do art. 65 da lei nº 4.504, de 30 de novembro de 1964 (Estatuto da Terra): Art. 65. O imóvel rural não é divisível em áreas de dimensão inferior à constitutiva do módulo de propriedade rural. § 1° Em caso de sucessão causa mortis e nas partilhas judiciais ou amigáveis, não se poderão dividir imóveis em áreas inferiores às da dimensão do módulo de propriedade rural. § 2° Os herdeiros ou os legatários, que adquirirem por sucessão o domínio de imóveis rurais, não poderão dividi-los em outros de dimensão inferior ao módulo de propriedade rural. § 3º No caso de um ou mais herdeiros ou legatários desejar explorar as terras assim havidas, o Instituto Brasileiro de Reforma Agrária poderá prover no sentido de o requerente ou requerentes obterem financiamentos que lhes facultem o numerário para indenizar os demais condôminos. § 4° O financiamento referido no parágrafo anterior só poderá ser concedido mediante prova de que o requerente não possui recursos para adquirir o respectivo lote. § 5º Não se aplica o disposto no caput deste artigo aos parcelamentos de imóveis rurais em dimensão inferior à do módulo, fixada pelo órgão fundiário federal, quando promovidos pelo Poder Público, em programas oficiais de apoio à atividade agrícola familiar, cujos beneficiários sejam agricultores que não possuam outro imóvel rural ou urbano. (Incluído pela Lei nº 11.446, de 2007). § 6° Nenhum imóvel rural adquirido na forma do § 5° deste artigo poderá ser desmembrado ou dividido. (Incluído pela Lei nº 11.446, de 2007).

48. Uso da terra alheia

Na organização jurídica das relações patrimoniais entre os habitantes do campo sobrelevam as que dizem respeito à utilização da terra pelos que não são proprietários. O instrumento jurídico mais comum dessa utilização é o *contrato de arrendamento*. O Código Civil regulou-o especialmente. No capítulo dedicado à *locação de coisa*, enunciou regras atinentes particularmente à *locação rural*.[26]

Para amparar o arrendatário, estimulando e valorizando seu esforço, prescreveu importantes normas a respeito da *acessão artificial*, oferecendo soluções equitativas para os casos de *plantação* e *edificação* em terreno alheio. Aceitou, como princípio geral, o da *indenização*, de sorte que se o arrendatário tiver plantado ou edificado de boa fé, não poderá ser desapossado do terreno sem que o proprietário o indenize das *acessões*[27] o principio presta-se obviamente a abusos, mas, é, intuitivamente, o que pode ter chancela na luta entre proprietário e arrendatário em qualquer regime que assegure a propriedade privada da terra.

Ressente-se o Código da falta de uma medida, vigorante em outras legislações, assecuratória de direitos mais concretos ao arrendatário, que estimulariam e premiariam seu esforço e seu trabalho, – medidas que, se houvessem sido adotadas pela legislação nacional, teriam contribuído provavelmente, ainda

26 Arts. 1211 a 1215. NA. O texto de 2002 do Código Civil não manteve essas disposições. Aplicam-se as normas da Lei nº 4.504 de 30 de novembro de 1964 (Estatuto da Terra), regulamentado, nesta parte, pelo Decreto nº 59.566, de 14 de novembro de 1966.

27 Cod. Civil art. 547. NA. Cf. art. 1.255 do texto de 2002 do Código Civil.

que em pequena escala, para o desenvolvimento da atividade produtiva no campo. Tais são as medidas legais que se destinam a proteger a *posse* do *arrendatário*. Na Inglaterra, a lei lhe confere o direito de permanecer na terra arrendada e quanto a conservar em boas condições, garantindo, ainda, ao seu herdeiro, a sucessão nesse direito. Limitações dessa ordem ao *direito de retomada* do prédio rural arrendado favoreceriam, com efeito, a produtividade no campo. Já existem em relação às locações urbanas, expedidas no propósito de remediar a crise de habitação. Melhor fora a que houvessem sido ditadas para as *locações rurais*. O *princípio da indenização* não dá ao arrendatário rural suficiente garantia onde prevalecem costumes que reconhecem ao proprietário poderes incontroláveis. Não é raro, pelo menos em certas regiões do país, que o desapossamento da terra arrendada se faça por ato de violência do proprietário, contra o qual não há para quem apelar.

Ademais, a *indenização* não é satisfatória. O recebimento de certa quantia em troca do que plantou e edificou constitui, para o lavrador, uma frustração do seu esforço e do seu trabalho, criando-lhe, alem disso, o terrível problema do seu deslocamento e do de sua família, com todas as implicações psicológicas, dentre as quais assume importância fundamental o pensamento de ter que começar uma nova vida, quase sempre quando o estímulo para isso está amortecido pela idade.

Sabedor de que, a todo tempo, o proprietário pode retomar-lhe a terra com as acessões e benfeitorias que fez, bastando-lhe, para tanto, pagar a correspondente *indenização*, o arrendatário de prédio rústico não se sente animado a ativar seu esforço produtivo e a realizar obras duradouras.

A ausência, pois, de disposição legal que garanta a posse do arrendatário, impedindo que bem arrendado seja livremente retomado, é uma lacuna da legislação que tem concorrido para que o desenvolvimento do campo não tenha cobrado um ritmo mais acelerado naquelas regiões do país que não tem ainda condições para o estabelecimento de um regime normal de salariado.

49. Pagamento da renda

Outrossim, não há preceitos legais reguladores da *forma de pagamento da renda*. Perduram em muitas regiões, notadamente no Norte e no Nordeste do país, formas primitivas, próprias dos regimes pré-capitalistas.[28] A persistência dessas formas, testemunhas do atraso do país na sua zona rural, constitui um entrave ao desenvolvimento econômico. Embora configurem um estágio da evolução do país que não pode ser superado mediante providencias legais, é fora de duvida que proibições, como as que concernem ao pagamento de salário exclusivamente em utilidades, produziriam algum resultado.

Inexistem também regras sobre o tipo de pagamento da renda, prevalecendo, no que se satisfaz com dinheiro, o da *renda fixa*.[29]

Contudo, nas regiões mais atrasadas do país, a renda, como visto, ainda é paga em trabalho. A escassez da mão de obra no campo leva a maioria dos proprietários a remunerar serviço

28 Cf. ORLANDO GOMES – As liberdades democráticas na Constituição e na realidade semi-feudal e semi-colonial do Brasil, Bahia, Gráfica Popular 1935.

29 Cf. A. LEWIS op. cit. p. 155.

que o morador lhe presta, erigido, porem, á condição de dever indeclinável. A permissão de morar e cultivar pequeno trato de terra tem como contra-partida a obrigação de trabalhar um ou mais dias da semana, ou, ainda, em certos períodos. Embora o proprietário retribua o trabalho do morador, dispensando-o

pagamento de renda sob qualquer forma, assegura, por esse meio, o braço necessário ao cultivo de sua terra, travando com esses trabalhadores uma relação jurídica "*sui generis*", visto que lhe concede a terra, a *título precário*, com o direito de fazer a sua roça e a obrigação de dar um ou mais dias de trabalho, pelos quais faz jus a determinada retribuição.

Vigora, porem, nas regiões mais adiantadas o regime do pagamento da *renda em dinheiro*. Geralmente é uma quantia módica que se paga anualmente. O sistema da *renda fixa* é tido como inconveniente para os pequenos lavradores, especialmente nas regiões sujeitas a oscilações por efeito de fatores adversos à agricultura. Nos anos maus, o pagamento da renda fixa se torna oneroso para o lavrador. Todavia, esse sistema favorece mais ao desenvolvimento pelo incremento da produtividade do que o sistema da *renda proporcional em dinheiro*. É que este, como assinalam os economistas, diminui o incentivo do lavrador, enquanto aquele o aumenta em face do estímulo à realização de benfeitorias e da possibilidade de maiores lucros. Entre nós, o sistema da renda proporcional aplica-se geralmente quando a renda é paga em *espécie*, hipótese na qual a obrigação do rendeiro vai desde a entrega de metade dos frutos a frações menores.

Não há, porém, o problema da onerosidade da renda paga em dinheiro. A necessidade de fixar o homem à terra, sobretudo nas regiões de emigração e o baixo rendimento da exploração rural concorrem, decisivamente, para a fixação da renda em quantias módicas.

50. Parceria rural

Acredita-se que a substituição do arrendamento pela *parceria* contribua para aumentar a capacidade produtiva da terra, tendo em vista que o agricultor, sob esse regime, poupa mais e investe em benfeitorias.[30] Embora o Código Civil haja regulado a *parceria* nas suas modalidades de parceria agrícola e parceria pecuária[31], tal contrato não logrou maior di fusão entre nós. Na criação de gado, especialmente vacum, adota-se, em algumas regiões, um sistema de participação nas crias, que, todavia, não configura parceria propriamente dita. De qualquer sorte, importa assinalar que a legislação não constitui obstáculo à adoção de instrumentos jurídicos que realmente favoreçam o desenvolvimento, pois, ao contrário, os proporciona.

51. Organização agrícola e desenvolvimento

Provavelmente medidas que disciplinassem o contrato de arrendamento rural visando à segurança da posse do arrendatário e a sistematização do regime de pagamento da renda, – medidas que fossem restritivas da liberdade do contratar das partes, instituídas em beneficio do arrendatário – teriam concorrido para o desenvolvimento mais rápido da economia rural.

30 LEWIS – op. cit.

31 Arts. 1410 a 1431.

Por certo, a liquidação do atraso do campo não se processa com medidas jurídicas. Mas a legislação pode, sem duvida, retardar ou acelerar o ritmo do desenvolvimento. Se, por omissão, não tem concorrido, não se pode dizer que os preceitos vigentes constituem entrave, inclusive pela complementação das leis civis por disposições legais e facilitar o credito aos agricultores e a favorecer as operações agrícolas.

Evidentemente, sem uma reforma agrária de profundidade não será possível atingir a uma etapa do desenvolvimento capaz de sustentar os rápidos progressos da industrialização. Mas, certas medidas que envolvem intervenção mais enérgica do Estado poderiam ter sido adotadas com o objetivo de vencer a rotina do campo e incrementar a produtividade rural. Costuma-se citar como exemplo típico dessa intervenção a política adotada no Sudão com as plantações de algodão de Gezira. A terra é dividida em pequenas unidades, cultivadas pelo agricultor, por sua própria conta, que, no entanto, é obrigado a ará-la mecanicamente, a semear as sementes que lhe são fornecidas a praticar a rotação que lhe é determinada, a adubar e tratar a terra pela forma recomendada e a entregar a colheita para beneficiamento e venda a um departamento que administra o programa[32]. Trata-se de medida que legitima método compulsório e praticamente transforma o agricultor independente em trabalhador subordinado, como o próprio LEWIS reconhece. Impossível, conseqüentemente, generalizá-la, mas a experiência é tentável em certas regiões, para determinados tipos de produção.

32 Cf. ARTHUR LEWIS, A teoria do desenvolvimento econômico, p. 172.

Enfim, o problema da *organização agrícola* é de se ter como de importância capital nos países subdesenvolvidos. Sua solução implica necessariamente uma política intervencionista ser objetivada através de leis que, respeitando o espírito da Constituição, fomentem o desenvolvimento econômico de nossa imensa área rural disciplinando as relações de produção no campo em termos que estimulem o aumento da produção por habitante.

52. Liberdade de testar e reserva obrigatória

Em relação ao direito anterior, o Código deu um passo adiante no que tange à *liberdade de testar*. Antes, a parte disponível era apenas um terço do patrimônio do autor da herança. Dois terços pertenciam de pleno direito aos filhos. Sobre essa quota não podiam os pais dispor. O Código Civil reduziu à metade à herança necessária. Desde, pois, que o pai queira evitar que toda a sua fortuna passe ao domínio posse dos filhos, pode, por testamento, deixar estranhos a metade do que tem, dispondo livremente dessa parte de sua fortuna. Aumentou o Código, pois, a quota disponível, reduzindo obviamente a parte que a lei manda reservar para os herdeiros necessários, isto é, para descendentes, e, na sua falta, os ascendentes. Todavia, a medida liberalisadôra é até certo ponto anulada pela legislação fiscal, que progressivamente vem impondo tributos onerosos sobre a transmissão da propriedade "mortis causa".

Nestas condições, a propriedade passa, por assim dizer automaticamente, à geração seguinte, São conhecidas as vantagens desse sistema, pois é certo que a preocupação de assegurar o futuro da família constitui poderoso incentivo ao esforço individual. A reserva estatuída na lei para os filhos é medida que garante a continuidade patrimonial, de modo simples e seguro. Todavia, apontam-se desvantagens, especialmente se a sociedade está se desenvolvendo –, por isso, que, alem de dificultar a mobilidade vertical e reduzir a mobilidade ocupacional, a transmissão obrigatória de parte considerável do patrimônio de alguém cria problemas de ordem psicológica e, sobretudo, de ordem econômica, quando esse patrimônio, por sua aplicação, requer uma administração para a qual nem sempre os filhos estão preparados, apesar da possibilidade de se adestrarem antecipadamente para isso.

A reserva obrigatória de metade do acervo hereditário para os filhos não é exagerada. O desejo de assegurar à família estabilidade econômica ou de, ao menos, resguardá-la da necessidade, constitui um estímulo, de eficácia reconhecida, para o esforço do individuo tendente à melhoria de sua posição social. Determinando a lei que parte da fortuna se transmita aos seus descendentes, atende à vontade dos pais e ao interesse dos filhos, como, de resto, exerce essa função supletiva ao estatuir que se o autor da herança não dispuser, por testamento, da quota disponível, serão chamados a recolhê-la, em primeiro lugar, esses mesmos descendentes que fazem jus à legítima. Mesmo, portanto, que a sucessão forçada dos filhos enfraqueça a mobilidade vertical tão necessária ao processo do desenvolvimento Econômico e debilite o espírito de iniciativa ao favorecer pessoas sem aptidões para a gerência da empresa e privar outras que têm capacidade, não se pode ver nessa limitação da liberdade de testar medida jurídica que estorve o desenvolvimento econômico, nem se afirmar que seja imprópria a seu processo, desde que não ultrapasse certo limite.[33]

33 NA. Cf. a Lei nº 4.504, de 30 de novembro de 1964 – Estatuto da Terra – e o seu Regulamento, o Decreto nº 59.566, de 14 de novembro de 1966. Essa legislação rege todas as situações objeto da reclamação do autor, estabelecendo que o Código Civil tem aplicação subsidiária.

CAPÍTULO 6

Desenvolvimento e Fiscalidade

53. O imposto de vendas e consignações

Nas fases iniciais do desenvolvimento não basta reformar a estrutura legal nas partes atinentes aos instrumentos da vida econômica e às instituições relativas à posse dos bens. Necessário adotar uma política fiscal definida em leis que disciplinem as instituições privadas com o objetivo de lhes favorecer a expansão e o fortalecimento que, por outro lado, assegurem ao Estado os meios indispensáveis a que possa concorrer para o desenvolvimento econômico.

Não interessa, neste ensaio, discutir o problema do ponto de vista político, indagando em tese, qual o sistema tributário mais favorável, Importa simplesmente verificar se a legislação fiscal contem preceitos que criem condições adversas ao desenvolvimento econômico do país. Mas, até essa investigação ultrapassaria os limites deste estudo, já que demandaria análise demorada dos diversos tributos federais, estaduais e municipais, que formam a rede tributária do país. Há que restringir o exame a aspectos especiais do problema, dentre os quais o da interferência da política fiscal no desenvolvimento econômico de certas regiões em detrimento de outras.

Em razão da estrutura do Estado brasileiro, há três esferas de competência para a decretação de impostos, a da União, a dos Estados e a dos Municípios. A Constituição define-as.[1]

Dentre os impostos cuja decretação e arrecadação foi atribuída à competência privativa dos Estados federados encontra-se o que incide sobre *vendas e consignações* efetuadas por produtores, comerciantes e industriais. Foi a Constituição federal de 1934 que o transferiu aos Estados "no propósito de dar ás unidades da Federação uma fonte profícua de receita tributária, substitutiva dos impostos de exportação, nefastos e solapadores da continuidade territorial do país"[2]. Mas, os inconvenientes da estadualização desse imposto revelaram-se, em outro plano, ao se verificar o conflito de interesses entre Estados produtores e consumidores, com repercussão sobre o desenvolvimento do país.

Com efeito, nos casos em que a operação tributável se desdobra por mais de uma unidade da Federação, cumpre saber a qual destas cabe arrecadar o imposto.

As controvérsias logo surgiram. Para as operações realizadas parcialmente em dois Estados, cada qual pretendia cobrar o imposto. Com o fim de resolver o conflito de competências, a União, intervém, em 1938, com o decreto-lei 915, de 1º de dezembro de 1938, ainda em vigor[3], que atribuiu a competên-

---

1 Arts. 15, 19 e 29 da Constituição de 1946. NA. Arts. 153, 154, 155 e 156.da Constituição de 1988.

2 ULHOA CANTO – Aspectos jurídico-constitucionais do imposto de Rendas e consignações, in "O Imposto sobre vendas e consignações no sistema tributário brasileiro, p. 21, Rio de Janeiro, 1956.

3 NA. O Decreto-lei nº 915, de 1º de dezembro de 1938, foi revogado pela Lei nº 4.299, de 27 de dezembro de 1963.

cia para arrecadar o imposto ao Estado onde a mercadoria tenha sido produzida, mesmo que transferida para outro Estado, onde venha a ser vendida. Com esse diploma legal, a União limitou arbitrariamente o poder tributário dos Estados, mas o Supremo Tribunal Federal, reiteradamente, reconheceu a constitucionalidade do decreto-lei 915.

Por força do critério adotado, os Estados importadores ver-se-iam privados de rendosa fonte de receita tributaria, retido como fica, no Estado produtor, o imposto sobre as chamadas mercadorias transferidas, que, em verdade, são vendidas no Estado para o qual se transferem. Em consequência, fosso entre Estados ricos e pobres alargou-se. Nestes, que se vêm forçados a taxar mais pesadamente o imposto de vendas e consignações, a atividade produtiva é desencorajada. E, assim, por uma distorção conceitual do fato gerador do imposto, os grandes Estados produtores se beneficiam, em detrimento dos que se retardaram no processo de industrialização. Essa discriminação, perpetrada quando o espírito federativo entrou em colapso sob o regime ditatorial de 1937, tem contribuído para o desigual desenvolvimento do país, menos porque concorre para reforçar o poderio financeiro dos Estados produtores, do que pelos seus reflexos sobre o desenvolvimento dos Estados mais atrasados. Sua consequência mais desastrosa é alimentar o *colonialismo interno*, que, incontestavelmente, constitui fator adverso no processo evolutivo do país. De certo, não é a sua causa. Mas, nem por isso, os nocivos efeitos do decreto-lei 915 devem ser esquecidos[4].

4 NA. A situação descrita pelo autor, que alguns denominaram de *guerra fiscal*, permanece, mesmo com a substituição do IVC – *imposto sobre vendas*

54. Taxação dos lucros

Um dos problemas de solução mais difícil num país que está em processo de desenvolvimento econômico é o da *taxação dos lucros*.

É preciso encontrar um critério que, ao mesmo tempo, não prejudique os incentivos e a poupança, não permita a formação de grandes fortunas particulares. Sabe-se que "o crescimento econômico faz com que a participação dos lucros na renda nacional se eleve nas fases iniciais". Nesse período, o clima é favorável ao incremento dos lucros, notadamente se o processo do desenvolvimento é acompanhado de um surto inflacionário que facilita inicialmente os ganhos. Ora, se para acelerar o desenvolvimento é necessária a poupança, impõe-se ao Estado a política de não tributar fortemente os lucros nessa fase, pois, do contrário, estaria amortecendo o incentivo para os investimentos reprodutivos. No regime de produção cujo motor é o lucro, uma taxação severa, que o limite a proporções diminutas, concorrerá, inevitavelmente, para desestimular e reduzir as inversões, até porque diminuirá a poupança privada. A menos, pois, que se substitua o regime econômico, eliminando-se as empresas privadas para que só o Estado seja empresário e aufere os lucros, é desaconselhável

---

e consignações pelo ICMS – *imposto sobre operações relativas à circulação de mercadorias e sobre prestações de serviços de transporte interestadual e intermunicipal e de comunicação*, cuja incidência alcança *operações mercantis*, por isso, distinguindo-se do seu antecessor que alcançava, apenas, o *ato jurídico* de compra e venda de mercadorias e o de consignação destas. O ICMS alcança qualquer *operação mercantil*. E essa situação permanece porque ela se refere à competência tributária outorgada pela Constituição de 1988 ao Estado membro da Federação, mantendo-se o, aqui, referido *colonialismo interno*.

uma tributação pesada que "torne inadequados os incentivos e a poupança privada". Mas, por outro lado, o Estado não deve permitir que seja ilimitado o ganho, até porque o estilo atual do desenvolvi mento caracteriza-se por sua participação mais direta, sendo, portanto, aconselhável, que substitua parte da poupança privada pela poupança pública.

O Estado brasileiro vem seguindo, em princípio, essa orientação. Basta uma vista d'olhos na legislação do imposto de renda para se verificar que, através da taxação progressiva da renda e da tributação dos lucros extraordinários, há o propósito, nem sempre bem sucedido, de impedir que os capitalistas obtenham lucros excessivos com o desenvolvimento econômico. Infelizmente, porém, a classe média tem sido taxada por forma a sufocar os incentivos necessários à sua expansão. De qualquer sorte, porém, a política fiscal, no particular, não se tem constituído em obstáculo ao desenvolvimento econômico.

55. O imposto territorial

Os impostos territoriais são elevados em alguns países que iniciaram neste século o processo do desenvolvimento econômico. É que, embora sejam tributos diretos, não é difícil impô-los em face da sua menor repercussão sobre a poupança e os incentivos. Politicamente, porém, a tributação dos fazendeiros, nas economias menos desenvolvidas, obstada pela força que representam no quadro das influências e pressões sobre o Governo. Entre nós, a despeito de enfraquecidos com o desenvolvimento cio país, os "coronéis" ainda têm poder bastante para evitar que sobre seus domínios incidam impostos elevados. Em verdade, desfrutam ainda uma posição privilegiada, quer em relação ao *imposto de renda*, quer em relação ao *imposto territorial*[5]. Mesmo nos Estados federados de economia predominantemente agrícola, a renda do imposto territorial é diminuta, guardando inconcebível desproporção com a obtida pela cobrança dos impostos incidentes sobre os comerciantes. Todavia o problema não pode ser facilmente resolvido, justo porque a maioria das terras sob propriedade privada não são cultivadas por métodos modernos, que possibilitem maior rentabilidade à sua exploração. A oneração dessas propriedades com impostos elevados poderia ser contraproducente, e, até certo, ponto não se justificaria num país ainda despovoado. Há que considerar, ademais, que a exploração da terra está se tornando cada dia mais penosa em consequência de certos fatores, dentre os quais se salienta a retração do crédito particular. Moratórias consecutivas e medidas governamentais de falso amparo à lavoura e à pecuária têm determinado, além de outros fatores, essa retração, a ponto de se poder dizer, sem exagero, que essa atividade econômica se encontra sob a dependência do Governo; direta ou indiretamente. As tentativas de *reforma agrária* ainda não lograram êxito. Assim, o problema da taxação dos proprietários rurais tem implicações políticas que dificultam essa solução.

É de se registrar, contudo, o aspecto da política fiscal em relação aos pequenos produtores. No intento de estimular a

5 NA. O autor refere-se ao imposto sobre *propriedade* territorial rural que, pela Constituição de 1891, incidia sobre *imóveis* rurais. A Constituição de 1934 passou a incidência para um outro elemento material da hipótese de fato gerador, qual seja, a *propriedade* territorial rural. Assim, em vez de tributar-se o *bem imóvel*, passou-se a tributar o *atributo* de quem o domina, isto é, a qualidade de ser *proprietário*, razão porque ele, também, refere-se ao problema das implicações políticas da taxação dos *proprietários* rurais.

atividade dos pequenos lavradores, o Governo concede-lhes isenção de certos impostos.

56. Defesa da indústria nacional

Do ponto de vista propriamente da proteção e incremento à *industria nacional* foram adotadas medidas, consubstanciadas em leis especiais, que traduzem o propósito governamental de promover e fomentar o desenvolvimento econômico do país. Afora a participação do Estado em empresa que operam em ramos fundamentais da economia, merece registro, primeiramente, a política de restrição às importações, e, em seguida, a promoção de medidas destinadas à criação de certas industrias.

Com o objetivo de defender a indústria nacional, criando-lhe condições para se firmar no mercado interno, o Estado eliminou a concorrência estrangeira, proibindo a importação de artigos que tenham similares no país. A proteção à industria não se limitou, por conseguinte, à elevação das tarifas aduaneiras ao limite em que se torna desinteressante a importação de mercadorias estrangeiras. Foi mais adiante, com resultados positivos. Quando menos por ter atraído para o país empresas estrangeiras, que aqui vieram fabricar seus produtos com mão de obra nacional e participação do capital indígena, criando, – é certo – o problema da remessa de lucros para o estrangeiro e, para as empresas nacionais, o do pagamento de "royalties". Mas, de qualquer sorte, possibilitando expansão industrial e libertando o país da dependência do estrangeiro em relação a artigos de grande consumo.

Tal política atingiu um grau de maior importância com a criação da *industria automobilística*. Pelo *decreto n.° 39.412,* de 16 de junho de 1956, foram estabelecidas as normas para a sua implantação, completadas pelos decretos 39.568, de 12 de julho de 1956, 39.568, da mesma data, 39.678-A, de 30 de julho de 1956, e 41.018, de 26 de fevereiro de 1957. Reconheceu o Governo que os equipamentos utilizados na industria automobilística brasileira eram da mais alta essencialidade para o desenvolvimento econômico do país quando especificamente destinados a fabricantes e subcontratadores[6], permitindo a sua importação sem cobertura cambial e enquadrando os projetos de sua instalação no país entre as industrias básicas para efeitos de concessão eventual de créditos ou garantias por entidades bancárias oficiais encarregadas do incentivo ao desenvolvimento econômico do país.[7]

Trata-se, como visto, de medida governar mental destinada a incrementar o desenvolvimento econômico do país num dos setores de maior importância devida à extensão territorial do Brasil e à precariedade de sua rede ferroviária. Ë, em suma, um dos sinais mais expressivos da ação do Estado para incrementar o desenvolvimento econômico, jurisformisada através de decretos, a que se somam outras iniciativas, dentre as quais, a organização de instituições especializadas de crédito, como o Banco do Desenvolvimento Econômico.

57. Inflação e desenvolvimento

É sabido que nos paises de economia desenvolvida, o Governo, através de impostos, participa da renda nacional em

6 Art. 2.° do decreto n.° 39.412.

7 Art. 11.

maior a de que nas nações de economia menos desenvolvida. Mas, como observa ARTUR LEWIS. "o mesmo resultado pode ser obtido através da inflação, porque transfere bens de consumo da comunidade para aqueles que concorrem para a formação de capital.[8]

O último Governo enveredou por esse caminho. Mas, se a inflação moderada é útil ao desenvolvimento econômico, como pensa o citado economista, a que se desencadeou no país, desregradamente, lhe é prejudicial, a menos que possa ser contida, como se anuncia, de a modo a permitir que os preços diminuam e a produção adicional dos bens de consumo se escoe no mercado. Embora as emissões maciças de papel moeda tenham sido feitas para atender, em grande parte, a gastos improdutivos, como os que se fizeram com suntuárias construções e sucessivos aumentos de vencimentos do funcionalismo publico, é fora de duvida que também concorreram para aumentar a formação de capital. Parcialmente, pois, a inflação foi benéfica ao crescimento econômico do país, restando saber se os seus efeitos maléficos, na parte em que foi utilizada para fins destrutivos, neutralizarão ou prejudicarão seus aspectos positivos.

58. Duplicidade de orçamentos

Outro processo que pode contornar a dificuldade de manter o equilíbrio orçamentário dentro da inflação é, segundo o mesmo economista, a adoção de dois orçamentos, um financiado pelas arrecadações e receitas do Estado e outro constituído exclusivamente dos serviços que aumentam rapidamente a

8 A teoria do desenvolvimento econômico, p. 519.

produção, que seriam financiados pela criação de crédito. [9]Esse método foi tentado, mas desastrosamente segundo alguns economistas. Criaram-se *fundos especiais*. Fundo Aeronáutico, Fundo de Mecanização da Lavoura no Vale de São Francisco, Fundo de Valorização Econômica da Amazônia, Fundo Federal de Eletrificação, Fundo Florestal, Fundo Nacional de Pavimentação, Fundo Nacional de Pesquisas, Fundo Rodoviário Nacional e outros mais, – que, além da cobrança de contribuições para fiscais – constituem um orçamento paralelo com evidente repercussão sobre o orçamento básico.

Cedo ainda para apurar os resultados da política adotada com vista desenvolvimento econômico do país. Cumpre apenas reconhecei que o ordenamento jurídico não constitui ao entrave a essa política, alterando-se tranquilamente naqueles pontos em que envelheceu e enriquecendo-se com novas leis que visaram a favorecê-lo.

9 Op. cit. p. 521.

BIBLIOGRAFIA

AFONSO ARINOS DE MELO FRANCO – Síntese da história econômica do Brasil – Rio – 1958.

ALFREDO VALADÃO – Regime jurídico das águas e da indústria hidroelétrica – Pub. da Prefeitura de São Paulo – 1943.

ALMEIDA MAGALHAES – Conceituação do subdesenvolvimento. O Caso do Brasil. in Estudos Econômicos, nº 15 e 16 – 1954.

A. L. MACHADO NETO – O desenvolvimento como tema sociológico. Pub do I. EFB, Bahia, 1961 – A ordem jurídica e o desenvolvimento econômico – Bahia, 1960.

ALMERINDO LESSA – Meridianos Brasileiros. Junta de Investigações do Ultramar, Lisboa, 1960.

ARTHUR LEWIS – A teoria do desenvolvimento econômico, ZAHAR Editores, Rio, 1960.

ASCARELLI – Studi de Diritto Comparato – Dolt. A. Guiffré, Milão, 1952.

CASTAN TUBEÑAS – Crisis mundial y crisis del Derecho Inst. Ed. Reus, Madrid, 1960.

CELSO FURTADO Perspectivas da economia brasileira – Publ. do ISEB, Rio, 1958.

FLORESTAN FERNANDES – A educação como problema social, na revista "Comentário", Dezembro de 1960.

GILBERTO PAIM – Industrialização e econômica natural. Publ. do ISEB – Rio, 1957.

GINO GERMANI – Política e massa – Ed. da Revista Brasileira de Estudos Políticos, Belo Horizonte,1960.

GUERREIRO RAMOS – A redução sociológica – Rio 1958.

HERKOVITS, WOLFER e BAUER – Aspectos do crescimento econômico. Publ. da Universidade da Bahia 1958.

INACIO RANGEL – Introdução ao estudo do desenvolvimento econômico brasileiro. Publ. da Universidade da Bahia, 1957 – Dualidade básica da economia brasileira —. Rio, 1957.

JAGUARIBE, Helio – Condições institucionais do desenvolvimento – Publ. do ISEB, Rio, 1958.

JOSÉ DUARTE – A Constituição brasileira de 1946, Rio, 1947.

JOSSERANID – Los moviles en los actos juridicos de Derecho Privado – Editorial Cojica, México – s/d.

MARTINS-COSTA Judith. Diretrizes teóricas do novo Código Civil brasileiro. São Paulo: Saraiva, 2002

KENNET GALBRAITR – Capitalismo – ZAHBR Editores, Rio 1960.

MENDETA y NUNEZ Influencia del factor juridico en el desarrollo econômico, no Boletim do Centro Latino Americano de Pesquisas em ciências sociais, n° de fevereiro de 1961.

MIGUEL REALE – Teoria do Direito e do Estado, Liv. Martins Editora, 2ª edição São Paulo, 1960.

NELSON WERNECK SODRÉ – O que se deve ler para conhecer o Brasil Ed. do INEP – Rio, 1960.

NESTOR DUARTE - A ordem privada e a organização política nacional - São Paulo, 1939.

OLIVEIRA VÍANA - Instituições políticas brasileiras - Liv José OLIMPIO, Ed, Rio, 1949.

PEDRAO, Fernando - Breve curso •de desenvolvimento econômico. Pub. da Universidade da Bahia, 1959.

PONTES DE MIRANDA - Comentários à Constituição de 1946. Liv. Buffone, Rio, s/d.

RENÉ DAVID - Traité de Droit Civil Comparé, Lib. Gen. de Droit et Jurisprudence, Paris, 1950.

ROBERTO MOREIRA - Sociologia política da Lei de Diretrizes e Bases da Educação Nacional, na Revista Brasileira de Estudos Políticos. fase 9, julho 1960.

SAVATIER - Les metamorphoses economiques et sociales du droit privé d'aujourd'hui - 3º serie - Lib - DALLOZ - Paris, 1959.

STERNBERG - Le conflit da siecle - Editions du Seuil, trad. Paris 1958.

WASHINGTON P. A. DE SOUZA - Do econômico nas Constituições vigentes - Ed. da Revista Brasileira de Estudos Políticos. Belo Horizonte, 1961.